JN134545

地域文化と
デジタルアーカイブ

岐阜女子大学 デジタルアーカイブ研究所 ［編］

樹村房

はじめに

　岐阜女子大学による地域文化資料の収集とデジタルアーカイブの開発は，文化情報研究センターを設置した2000年から開始した。最初のデジタルアーカイブは，世界遺産白川郷の季節や行事を撮影記録したものである。白川郷和田家当主（当時）和田正美氏による和田家の歴史，家の構造（合掌造り），地域の歴史・生活等のオーラルヒストリーと組み合わせたデジタルアーカイブとして開発した。

　その後，北海道から沖縄県まで，多くの協力者を得ながら多様な地域文化資料のデジタルアーカイブ化を進めてきた。

　特に，沖縄県の地域文化資料は約２万件を収集記録し，デジタルアーカイブとして保管し，印刷メディアと連携した「沖縄おぅらい」として毎年，高等学校の修学旅行生（約１万数千名）に利用されている。

　デジタルアーカイブは，過去から現在までの資料を収集，保管し，次の世代への地域文化の伝承と現在の有効な活用を行うべきである。そこで，デジタルアーカイブは単なるデジタル資料の提供から進めて過去から現在までの資料の内容を分析処理し，現在の課題を解決する手法の開発が必要である。特に，知の収集・保管・活用，さらに活用の結果を評価し新しい知として生産する知的創造サイクルの開発が重要である。すなわち，単なる資料の保管・提示利用から知的財産として有効活用することで新しい知を生み出し，地域の活性化へつなぐことがデジタルアーカイブには望まれている。

　このように，地域文化の伝承と併せて知的財産としての有効活用についても期待されており，デジタルアーカイブの本格的な利用が進展しつつある。

　そこで，今回，これまで収集した地域文化資料をもとに地域文化デジタルアーカイブ開発の基礎について一冊にまとめた。まだ完全ではないが，現状を知り，次の地域文化デジタルアーカイブ開発の参考になれば幸いである。

平成29年10月

岐阜女子大学

学長　後藤　忠彦

本書の内容構成について

　本書は，岐阜女子大学による2000年からの地域文化資料の収集記録を中心とするデジタルアーカイブについて，以下のとおり，大きく3つの内容に分けて構成した。

1　地域文化とデジタルアーカイブの概要（第1章）
　岐阜女子大学がこれまで取り組んできた地域文化とデジタルアーカイブの利用研究および情報発信について記した。

2　地域文化とデジタルアーカイブの各種事例紹介（第2章～第8章）
　岐阜女子大学による地域文化とデジタルアーカイブの各種事例について，一つの資料を基点として形成される文化（第2章），複数の資料・地域間で形成される文化（第3章）等，地域文化を捉える主な視点ごとに紹介した。これらの視点は，地域文化のデジタルアーカイブを行う際に，本書で紹介した各種事例のみでなく，全国の各地域文化資料にも適用可能なものであると考え，各章の扉には，それぞれの特徴や留意点を示した。
　なお，デジタルアーカイブでは，撮影記録のみでなく，その保存（保管），利活用までの全プロセスが重要視されるが，本書では，デジタルアーカイブの最初の段階であり，その後の保存（保管），利活用にも大きく影響を与える撮影記録に重点を置いて記している。

3　デジタルアーカイブプロセスの基礎学修テキスト（第9章～第11章）
　岐阜女子大学のデジタル・アーキビスト教育の実践をもとに，デジタルアーカイブを行うための基礎学修テキストとして記した。デジタルアーカイブを行う際には，撮影記録から選定評価，保存（保管），利用に至るまでの各プロセスについての知識が求められる。その基礎学修事項をまとめた。

　なお，本書に掲載した写真は，原則として，各地域や施設管理者・団体の許可を得て，岐阜女子大学および各章執筆担当者が撮影し，所蔵している資料である。地域文化のデジタルアーカイブは，各地域や施設管理者・団体のご協力なくしては成り立たない。すべての関係者のみなさまへ感謝の念に堪えない。

地域文化とデジタルアーカイブ
もくじ

はじめに　3
本書の内容構成について　4

第1章　地域文化とデジタルアーカイブ

1.1　地域文化デジタルアーカイブ ･･･ 10
    1.1.1　デジタルアーカイブの共通利用　10
    1.1.2　メタデータ，シソーラス等の共通化　10

1.2　地域文化デジタルアーカイブの利用研究 ･･････････････････････････････････ 10
    1.2.1　デジタルアーカイブ保管資料の直接利用（地域の建築物，文化活動等）　12
    1.2.2　メディアの組み合わせ利用（メディアミックス）　12
    1.2.3　デジタルアーカイブのための「知の増殖型サイクル」の利用：
          観光資料の開発利用と改善　14
    1.2.4　コンテンツの自動編成利用　14

1.3　デジタルアーカイブを用いた地域資料情報の発信例：
     総合的な地域資料「沖縄おぅらい」･･ 15
    1.3.1　地域資料を活用するための「沖縄おぅらい」　15
    1.3.2　事例紹介　15
    1.3.3　印刷メディアとデジタルメディアの連携による地域文化デジタルアーカイブ　21
    1.3.4　「飛騨おぅらい」の英語版　22

第2章　一つの資料を基点として形成される文化

2.1　長良川の水文化 ･･ 26
2.2　長良川鵜飼 ･･ 30

第3章　複数の資料・地域間で形成される文化

3.1　延年の舞 ･･ 34
    3.1.1　舞や踊りの撮影記録　34
    3.1.2　毛越寺　二十日夜祭　35
    3.1.3　長滝白山神社　六日祭　36

3.2　白山文化：禅定道と三馬場 ･･ 40
    3.2.1　美濃馬場　41
    3.2.2　越前馬場　白山平泉寺（福井県勝山市平泉寺町）　42
    3.2.3　加賀馬場　白山比咩神社（石川県白山市）　42

3.3　宇佐神宮，手向山八幡宮：歴史的背景と相互の関係 ････････････････････････ 43

    3.3.1　宇佐神宮と手向山八幡宮の関係　43
    3.3.2　宇佐神宮（大分県宇佐市）　44
    3.3.3　手向山八幡宮（奈良県奈良市）　47
  3.4　袋中上人の足跡とエイサー……………………………………………………51

第4章　地域の民俗・文化
  4.1　ハーリー……………………………………………………………………………58
  4.2　大山の大綱引き……………………………………………………………………61
  4.3　飛騨市古川町　古川祭の起し太鼓………………………………………………66
    4.3.1　飛騨市古川町　66
    4.3.2　気多若宮神社　66
    4.3.3　古川祭　67
    4.3.4　祭のごちそう　72
  4.4　飛騨の民話…………………………………………………………………………73
  4.5　沖縄のわらべ歌……………………………………………………………………74

第5章　地域のオーラルヒストリー
  5.1　仲本實氏による「戦中・戦後の子どものオーラルヒストリー」……………78

第6章　地域の伝統・文化遺産
  6.1　白川郷合掌造り集落（岐阜県大野郡白川村）：結の精神が支える文化………84
    6.1.1　白川郷合掌造り集落　84
    6.1.2　どぶろく祭り　84
    6.1.3　一斉放水　86
    6.1.4　春駒踊り　87
    6.1.5　合掌造り　87

第7章　博物館（野外博物館）・図書館
  7.1　地域の博物館のデジタルアーカイブ……………………………………………94
    7.1.1　琉球村：展示資料解説としてのオーラルヒストリーの活用　94
    7.1.2　野外博物館の役割とそれに沿った記録　97
  7.2　地域の図書館のデジタルアーカイブ……………………………………………98
    7.2.1　図書館と地域文化資料　98
    7.2.2　古文書，古記録　98
    7.2.3　伝統行事　99
    7.2.4　産業　100
    7.2.5　生活，伝承　100
    7.2.6　地域の観光　101
    7.2.7　地域の人々が参加するデジタルアーカイブ　101

第8章　地域の産業・生活文化

8.1　飛騨高山匠の技 ··· 104
- 8.1.1　飛騨高山匠の技の歴史　104
- 8.1.2　飛騨匠の技とこころ　104
- 8.1.3　飛騨高山匠の残した作品　104
- 8.1.4　匠の技デジタルアーカイブ　105

8.2　路面電車：名古屋鉄道（岐阜市内線）································ 109
- 8.2.1　廃線前の岐阜路面電車デジタルアーカイブ　109
- 8.2.2　デジタルアーカイブとメディアミックス　111

8.3　食文化 ··· 111
- 8.3.1　祭りの食：行事から昔の食を見いだす　111
- 8.3.2　オーラルヒストリー：仲本氏による戦前戦中の沖縄の子どもの食　113

第9章　撮影記録の基礎

9.1　地域文化資料の撮影記録の方法 ··· 126
- 9.1.1　文書の撮影記録　127
- 9.1.2　巻物など長尺な資料の撮影記録　128
- 9.1.3　各種紙メディア資料の撮影記録上の留意点　130

9.2　踊り，舞の撮影記録 ··· 130
- 9.2.1　一方向からの撮影　130
- 9.2.2　多視点からの撮影　132
- 9.2.3　踊り，舞などの撮影記録で最も注意すべき事柄　134

9.3　静止物の撮影記録 ··· 134
- 9.3.1　影を作らない撮影方法　134
- 9.3.2　回転台上で多方向から撮影　135
- 9.3.3　撮影メモの活用　136

9.4　全方位撮影 ··· 136
- 9.4.1　魚眼レンズを用いた撮影　136
- 9.4.2　全方位撮影機能をもつデジタルカメラの活用　138

9.5　オーラルヒストリーの撮影記録 ··· 138
- 9.5.1　地域の人々の声を残す　139
- 9.5.2　オーラルヒストリーの記録の構成　139
- 9.5.3　オーラルヒストリーの撮影　139
- 9.5.4　場面の設定　139
- 9.5.5　撮影後の処理　140
- 9.5.6　事例　140

9.6　高い位置（上空）からの撮影記録 ··· 141
- 9.6.1　ヘリコプターからの撮影　141
- 9.6.2　クレーン車（高所作業車）を利用した撮影　142
- 9.6.3　ドローンを利用した撮影　142

  9.6.4 ドローンのデジタルアーカイブでの利用 143
  9.6.5 ドローン操縦のための資格・許可等 144
 9.7 3D スキャナ，3D プリンタの利用 …………………………………………… 144
  9.7.1 3D スキャナの利用と提示 144
  9.7.2 3D プリンタの利用 145
 9.8 撮影の際のさまざまな工夫事例 ……………………………………………… 145
  9.8.1 補助的な照明が使えない 145
  9.8.2 被写体表面やガラス，水面等での反射を防ぐ 146
  9.8.3 黒い布などの影に隠れて撮影する 146

第10章　地域文化資料の選定評価項目

 10.1 保管・流通利用目的 …………………………………………………………… 150
 10.2 慣習・権利（著作権，プライバシー，所有権等）・利益 ………………… 150
  10.2.1 慣習 150
  10.2.2 権利 150
  10.2.3 利益 153
 10.3 社会的背景（例：各分野のガイドライン等が必要）……………………… 154
 10.4 文化的内容の適否……………………………………………………………… 154
 10.5 利用者の状況（教育的な配慮も含む）……………………………………… 154
 10.6 利用環境（提示利用の状況）………………………………………………… 154
 10.7 保管の安全上の課題（国内外の政治社会的背景・状況）………………… 155
 10.8 選定評価の事例①：オーラルヒストリーのデジタル化と課題 …………… 155
 10.9 選定評価の事例②：産業遺産のデジタル化と課題 ………………………… 156

第11章　地域文化資料の保存（保管）と利用

 11.1 資料の長期・短期保管と利用 ………………………………………………… 160
  11.1.1 利用者が使いやすい資料保管のために：Item Pool, Item Bank とメタデータ 160
  11.1.2 資料の短期 Item Bank 161
  11.1.3 資料の長期 Item Bank 169
 11.2 資料の保存（保管）と提示 …………………………………………………… 169
  11.2.1 デジタルアーカイブの構成と利用 169
  11.2.2 単体保存（保管）と提示・利用 170
  11.2.3 集合保存（保管）と提示・利用：各種の資料と集合させた資料の提示 171
  11.2.4 構成保存（保管）と提示・利用：一つのストーリーをもった資料の提示 172
 11.3 メディア利用の自由化と選択利用 …………………………………………… 173

 さくいん 176

第1章　地域文化とデジタルアーカイブ

1.1 地域文化デジタルアーカイブ

　岐阜女子大学による地域文化資料のデジタルアーカイブは，2000（平成12）年から始まった。その対象は，地域の建築物や町並みの様子，祭などの年中行事，図書や古文書，オーラルヒストリーなど幅広い。デジタルアーカイブとは，有形無形の歴史・文化資産をデジタルの形で，記録，保存（保管），蓄積し，人々が活用できるように提供することを指す。2010（平成22）年頃からは機器や処理システムなどの利用環境が整備されだし，情報資源としての利用が進みだした。さらに，過去から現在までの資料が蓄積されたデジタルアーカイブを調査・分析し，課題解決に利用することも始まった。

1.1.1 デジタルアーカイブの共通利用

　地域文化資料を利用して，物事を理解する，あるいは課題解決を行うとき，一つの資料だけでなく他の多くの関連資料を利用する必要性が生じることがある。例えば，獅子舞について調べるとき，獅子，狛犬，シーサーなどとの関係や地域間のつながりを知るため，国内外のデジタルアーカイブの調査が必要になることも多い。そのためには，各地方，国，あるいは分野ごとの多様なデジタルアーカイブの連携により横断的にアクセスできるオープンデータ化が必要であり，加えて提供者・プロバイダー間の調整を行い，管理・流通を支える機関（Europeanaの"アグリゲータ"，DPLAの"ハブ"など）の存在も重要である。

　また，それら資料の共通利用を促進するためには，それぞれのデジタルアーカイブ提供者が提供するビューアーだけでなく，ユーザーが使い慣れたビューアーを利用できるようにIIIFにデータを対応させることや，資料の多くがパブリックドメイン（CC0）として世界中で活用できるようになれば，多様な利用，ひいては新しい文化の創造も期待できる。

1.1.2 メタデータ，シソーラス等の共通化

　デジタルアーカイブを共通利用するためには，資料データ（デジタルコンテンツ）に関するデータ（メタデータ）を付けておく必要がある。

　また，メタデータは，統制された用語を使う必要がある。このために各分野，領域でシソーラスを開発し，利用すべきである。

1.2 地域文化デジタルアーカイブの利用研究

　2010年代になると，デジタルアーカイブの利用に関わる研究が進みだした。2000年頃からデジタル映像の精度が高くなり，文化財，文化活動，自然，生活，産業，観光など幅広い対象への適用が可能になった。

デジタルアーカイブの利用研究は，はじめはメディアの一方的な利用を対象としていたが，次第に利用者の目的によってメディアを選択できる利用の研究へと進みだした。

　さらに，デジタルアーカイブの資料を用いて新しい知を創造する研究（デジタルアーカイブのための「知の増殖型サイクル」）が始まった。デジタルアーカイブのための「知の増殖型サイクル」[1]とは，政府・特許庁が推進する知的創造サイクルをデジタルアーカイブの観点で応用した概念であり，デジタルアーカイブに保管された知を利用し，新しい知を創造することによって現在の課題解決などに活かすものである。これにより，これまでの単なる提示やデータ解析処理等から，新しい知の保管と知のサイクル利用が始まり，各分野に役立つ情報を広く活用できる時代になってきた。

　2016（平成28）年時点でのデジタルアーカイブの利用研究は，主として4つの分野がある。

①保管資料の直接利用
②組み合わせ利用（メディアミックス）
③知的処理を利用した知の増殖型サイクル（デジタルアーカイブのための「知の増殖型サイクル」利用）
④コンテンツ自動編成利用

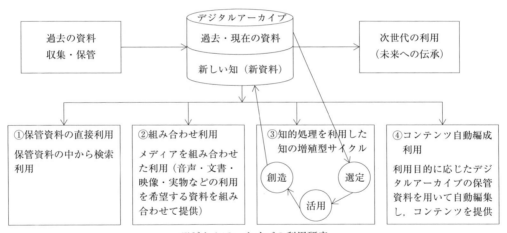

デジタルアーカイブの利用研究

1.2.1 デジタルアーカイブ保管資料の直接利用（地域の建築物，文化活動等）

デジタルアーカイブとして収集，保管された資料を検索し，直接利用する従来の利用方法である。

①伝統的建造物等のデジタルアーカイブ

菅沼合掌造り集落

②民話，オーラルヒストリー等

種蔵泰一氏の民話

③踊り・舞などの文化活動

平敷屋青年エイサーの夕べ

④展示資料・文書等

伊奈波神社の縁起巻物（岐阜県重要文化財）の撮影

1.2.2 メディアの組み合わせ利用（メディアミックス）

地域文化資料のデジタルアーカイブにおける各メディアの利用において，利用者の要望または利用目的に適したメディアを組み合わせた提供が始まった。

（1）利用者が希望するメディアの調査

製作者側がメディアを決めて提供するのみではなく，利用者が希望するメディア（組み合わせ含め）を調査し，その結果を基にしたデジタルアーカイブの開発や提供が進められている。調査例を次に示す。

例：教師の希望するメディア調査より"調べ学習"の項目結果

調べ学習					
	大変有効	有効	どちらでもない	やや有効でない	有効でない
	1	2	3	4	5
A実物・体験		●1.8			
B印刷メディア		■1.8			
Cデジタルメディア		▲2.0			
D通信メディア		×2.2			

例：教師の希望するメディア（組み合わせ）調査より"社会科の調べ学習"の項目

55-58 社会科の資料調べ

順位	組み合わせ	合計	割合
1	印刷メディア+デジタルメディア (BC)	33	20.9%
2	実物・体験+印刷メディア (AB)	32	20.3%
3	印刷メディア+通信メディア (BD)	29	18.4%
4	デジタルメディア+通信メディア (CD)	26	16.5%
5	実物・体験+デジタルメディア (AC)	18	11.4%
6	実物・体験+通信メディア (AD)	18	11.4%
7	印刷メディア+印刷メディア (BB)	2	1.3%

利用者が希望するメディアの調査[2]

（2）多様なメディアを使ったデジタルアーカイブの利用（メディアミックス）

　名鉄岐阜の路面電車の廃線直前に全線を撮影して保管した。その10年後に，印刷メディア（岐阜新聞），放送メディア（岐阜放送），通信メディア（岐阜新聞電子版）でのデータ提供および利用を可能にした。

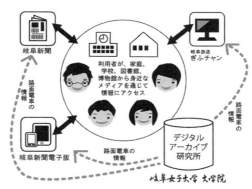

メディアミックスのシステム

2005年に撮影した名鉄路面電車

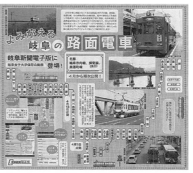

岐阜新聞掲載記事（一部）[3]

1.2.3 デジタルアーカイブのための「知の増殖型サイクル」の利用：観光資料の開発利用と改善

沖縄の2万件ほどの資料の中から「沖縄おぅらい」(観光資料)をデジタルアーカイブのための「知の増殖型サイクル」を用いて開発し，利用結果の評価・改善をふまえた新しい「おぅらい」の開発を順次行っている。これは毎年1万数千人が利用するデジタルアーカイブの活用として定着している。

このようなデジタルアーカイブの知的創造サイクルは，今後，企業・観光・教育などの各分野での利用への発展が期待できる。

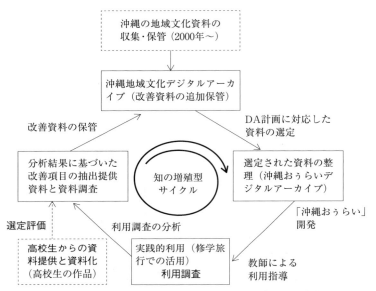

デジタルアーカイブのための「知の増殖型サイクル」を適用した沖縄地域文化デジタルアーカイブ

1.2.4 コンテンツの自動編成利用

デジタルアーカイブの保管資料によるコンテンツの自動編成に関する研究は以前からの課題であった。現状でも，資料の保管状況，処理の方法が確立されていない。

デジタルアーカイブでは，映像・音声・文字・図形等のデータが利用でき，今後は新しいコンテンツの編集も可能になると考えられる。またAIやその他のデータ処理の発展と利用が進めば，新しいデジタルアーカイブ利用の処理体系が開発され，その実用化も期待できる。

1.3 デジタルアーカイブを用いた地域資料情報の発信例：総合的な地域資料「沖縄おぅらい」

1.3.1 地域資料を活用するための「沖縄おぅらい」

総合的な地域資料の発信の例として，沖縄の地域文化資料「沖縄おぅらい」（「おぅらい」とは初等教育用教科書に相当する往来物に由来する）について紹介する。

これは，沖縄へ修学旅行に行く高校生が利用できる手引きとして開発したものである。1.2.3の図に示すように，デジタルアーカイブのための「知の増殖型サイクル」を適用し，沖縄地域文化デジタルアーカイブとして，毎年改善と新しい開発が進められている。

1.3.2 事例紹介

岐阜女子大学では，沖縄の地域文化資料のデジタルアーカイブを用いて，毎年新しい「沖縄おぅらい」を作成し，修学旅行に行く高校生が利用しやすいよう，その利用状況の評価・改善を進めている。構成は次のようである。

（1）観光施設
■国際通り

国際通りは那覇市の県庁前交差点から安里三叉路にかけての約1.6km（1マイル）をいう。平和通りや那覇市第一牧志公設市場などが隣接し，土産品店や沖縄料理店等が軒を連ねる。戦後のあざやかな発展から，「奇跡の1マイル」とも呼ばれた。

▲国際通り

那覇市第一牧志公設市場で売られている色とりどりの鮮魚▲

（2）平和への願い

■ひめゆりの塔・ひめゆり平和祈念資料館

沖縄県南部の糸満市にあり，沖縄戦末期に沖縄陸軍病院第三外科が置かれた壕の跡に建つ慰霊碑。名称は看護要員として動員されたひめゆり学徒隊にちなんでつけられた。敷地内には複数の慰霊碑や塔が建てられている。

ひめゆりの塔　慰霊碑

ひめゆりの塔

■子どもの視点からの戦中・戦後のオーラルヒストリー

戦中・戦後に小学生であったときの体験をとおして戦争（沖縄戦）をどのように「見て」「受け止めて」「考えたか」，当時の子どもの視点で話した記録。

クラシンガマの自然洞窟

提示資料を示して当時の様子を話す仲本氏

（3）沖縄の世界遺産

■首里城跡［国営沖縄記念公園（首里城公園）］

那覇市首里の丘陵地帯に立地。尚巴志が琉球を統一した1429年から琉球処分の行われた1879年までの450年間，歴代の琉球国王の居城および政治・行政，宗教，文化の拠点であった。沖縄戦によりほぼ全焼したが，その後徐々に復元し，現在に至る。

首里城跡　万国津梁の鐘が納められている供屋

正殿と御庭（うなー）

（4）沖縄の生活文化

■食：料理／レシピ

　沖縄料理は医食同源。この考え方は中国や朝鮮などから伝わった思想といわれ，「身体に良いものをおいしく食べることが健康につながる」といわれている。

東道盆（トゥンダーブン）に盛られた宴席料理

サーターアンダーギーのレシピ

■住：中村家住宅／沖縄の住まい

　沖縄の伝統的な住まいの外観的な特徴の一つに赤い瓦屋根がある。この赤い色は土の色である。沖縄で最も手に入りやすい土が赤土であることから18世紀頃から赤瓦が使われるようになった。一般の民家で赤瓦が使用されるようになったのは，琉球王府がその生産と使用を解禁した明治以降で，それまでの一般の民家は茅葺きが主流であった。

▲中村家住宅（国指定重要文化財）　居間　壁のない住居

竹富島　サンゴ石灰岩の石垣に囲まれた伝統的な琉球赤瓦葺き漆喰塗の民家が建ち並ぶ地区▲
（国の重要伝統的建造物群保存地区）

（5）沖縄の自然

■大石林山

　大石林山は2億年前の石灰岩層が隆起し，長い年月をかけて浸食されてできた世界最北端の熱帯カルスト地形で，景勝地として国定公園に指定されている。4つの散策コースがあり，頂上からは豊かな亜熱帯の森やカルスト地形，辺戸岬等が一望できる。

隆起した石灰岩層　　　　　　　　　　　　頂上からみえる豊かな亜熱帯の森と辺戸岬

■八重山諸島

　八重山諸島は沖縄本島より南西に位置する石垣島を中心とした有人島，無人島からなる。

　古来から八重山諸島の政治・経済・教育・交通などの中心地であった石垣島は，現在も他の離島へのアクセスの拠点となっている。また石垣島の南西に位置する竹富島竹富町は集落全体が沖縄古来の姿を保っており，重要伝統的建造物群保存地区に選定されている。

▲竹富島内をめぐる観光用水牛車

竹富島民謡「安里屋ユンタ」で知られる美女安里屋クヤマ生誕の地▲

(6) 沖縄の伝統文化
■組踊
　舞踊・音楽・台詞の3つの要素から構成された沖縄独特の戯曲。国の重要無形文化財に指定されている。2010(平成22)年11月、国連教育科学文化機関（ユネスコ）は「人類の無形遺産の代表的な一覧」へ「組踊」を記載することを決定した。

組踊「二童敵討（にどうてきうち，ニドーティチウチ）」（「二童敵討」は「護佐丸敵討」ともいわれ、父親である護佐丸の仇である阿麻和利を二童が討つという演目である）

■沖縄空手

　起源は諸説あるが，琉球の古武術であった「手（てぃー）」が，中国拳法や日本武術の影響を受けながら発達してきたものだとされており，拳足による打撃技を特徴とする。

 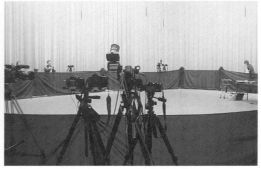

　　壱百零八手（スーパーリンペイ，ペッチューリン）　　　　　　沖縄空手を撮影する様子

（7）沖縄の産業
■三線

　三線は沖縄の人々に最も愛されている楽器である。14〜15世紀頃に中国から伝わったものに改良を加えて現在の三線になったといわれている。蛇皮をはった胴に棹がつけられ，3本の弦がはられている。

▲三線づくり　三線の表にはる蛇皮　　　　　▲三線づくり　金枠に蛇皮を固定する作業
　　　　沖縄の三線の中でも最も古い型といわれている南風原型の三線（読谷村立歴史民俗資料館　所蔵）▲

■農業

　沖縄県は亜熱帯気候のため年間を通して比較的温暖で農業が盛んであり，全島でさとうきびやさつまいも（紅いも），果物，肉用牛・豚などの生産が展開され，主な特産品となっている。特に，北部はサンゴの隆起によりできた土地で岩が多く土壌が酸性であるため，パイナップルなどの果実や果樹が育つ。また，南部の土は肥沃で北部に比べてアルカリ性であることから花卉（かき）や野菜などがよく育つ。

▲ウージ畑（さとうきび畑）

砂糖小屋（琉球村）昔ながらの製糖法でさとうきびから黒糖を作る▲

■染物・織物

　沖縄の染物・織物は，14〜16世紀に中国や東南アジアなどから技法を学び，その後琉球王府の保護を受けて発展を遂げた。紅型，琉球絣，ミンサー，花織，上布などがある。

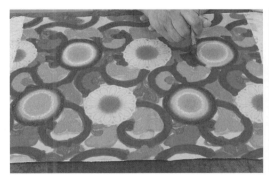
染物　紅型　隈取り

織物　ミンサー

1.3.3　印刷メディアとデジタルメディアの連携による地域文化デジタルアーカイブ

　地域文化デジタルアーカイブが広く利用されるためには，利用の支援に工夫が必要である。例えばイギリスのSCRAN（スコットランドに本部のある文化遺産情報を集めたサイト。会員制の形をとっており，ここで提供されている資料のすべてを利用するには，会員登録を行うことが必要となる）では以前よりカタログ方式により，デジタルデータの紹介，利用の支援をしている。

　沖縄の地域文化の紹介および沖縄へ修学旅行に行く学生の事前・事後学習の教材として開発した「沖縄おぅらい」では，印刷メディアとデジタルメディアを用いてメニュー方式で簡単な各資料の紹介をし，詳細な情報を必要とする際にはデジタルアーカイブの保管データを利用できるようにしている。印刷メディアに，簡単な各項目の紹介（静止画と文書）とQRコード（二次元コード）を付け，詳細データと連携させている。

デジタルメディアだけでなく印刷メディア（冊子形式の印刷物）を用意することで，授業で配布したり，タブレット端末等が使用できない場所でも調べることができるという利点がある。

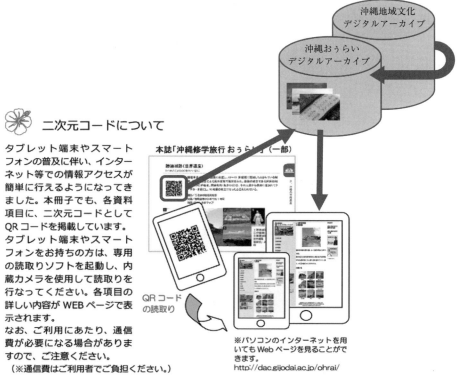

観光案内のカタログ（冊子）とデジタルアーカイブを連携した「沖縄おぅらい」の構成図

1.3.4 「飛騨おぅらい」の英語版

「沖縄おぅらい」デジタルアーカイブの構成を他地域のデジタルアーカイブに適用し，岐阜県高山市を中心とした「飛騨おぅらい」を飛騨地域文化デジタルアーカイブとして開発した。「飛騨おぅらい」は英語版である「HIDA OURAI」もあわせて開発した。

「HIDA OURAI」は，観光案内カタログ（冊子）とデジタルアーカイブを連携した「おぅらい」である。テキストの各項目にQRコードを付与し，アクセスすることにより，飛騨地域文化デジタルアーカイブを利用したコンテンツ（Webページ）を見ることができる。

飛騨おぅらい（日本語版冊子）

　デジタルアーカイブは，海外からの観光客など利用者へのニーズに対応するため，外国語（英語など）の対応も今後ますます必要になる。

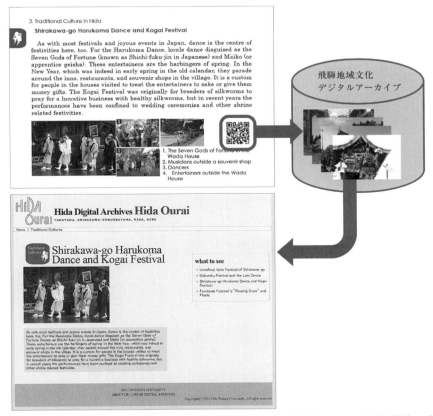

観光案内のカタログ（冊子）とデジタルアーカイブを連携させた「飛騨おぅらい」（英語版）の構成図

■参考文献
1：三宅茜巳「岐阜女子大学デジタルアーカイブの「知の増殖型サイクル」機能の実践事例」『デジタルアーカイブ研究所テクニカルレポート』Vol.2 No.1, 2016, pp.1-18.
2：後藤忠彦ほか「メディア環境に関する調査(1)」『岐阜女子大学文化情報研究』Vol.14 No.2, 2012, pp.1-24.
3：『岐阜新聞』2015年3月26日付，朝刊，29面.

第2章　一つの資料を基点として形成される文化

　本章で事例として取り上げた長良川は，源流を岐阜県郡上市高鷲の大日ヶ岳に発し，濃尾平野を南流し，木曽三川の一つとして伊勢湾に流れ込む川である。流域は，岐阜県・愛知県・三重県にかかり，特に，岐阜県は，郡上市・美濃市・関市・岐阜市等，さまざまな地域と関係する。このように一つの資料（長良川）を基点として形成される文化については，その資料に沿った各種地域資料の整理が必要であり，また，複数地域の人々からの協力等を得て，総合的なデジタルアーカイブを計画する可能性も検討することになる。
　このようなデジタルアーカイブに取り組むためには，次のような留意点が挙げられる。
　①各分野の専門家の協力を得る
　一つの資料を基点として形成される文化は，広域であるため，その学問分野も多様である。例えば，長良川では，文学，歴史，河川，地理，地学，芸術，農業等，さまざまな分野が考えられるが，各分野の専門家の協力を得て，どんな資料を収集し，どのようにデジタル化・保存（保管）するべきか検討し，その方向性を決める必要がある。各分野の専門家を含む関係者をリードし，マネージメントできる上級デジタル・アーキビスト資格者のような人材が求められる。
　②地域の人々や関係機関の協力を得る
　地域の人々の協力を得るために，県・市町村の行政，教育等の関係機関，企業等の協力が必要である。
　③市民参加のシステムづくり
　広域のデジタルアーカイブには，関連する各地域の人々が利用し，さらに，後世（数百年後）への文化の伝承も視野に入れ，市民参加ができるシステムづくりが今後ますます必要となる。

2.1 長良川の水文化

　川は，昔から地域文化の中心的な位置を占めているといわれる。川を中心にした水文化は，生活文化，産業，農業，水産業などがさまざまに関係しており，デジタルアーカイブとして，川の周辺地域の歴史，災害や地震などの爪痕，さらに，研究資料などをまとめ，残す価値がある。

　川を中心にした水文化のデジタルアーカイブには，多様な分野が関係するため，歴史，地学，生物，河川学など，関連分野の研究者などの協力と開発のための組織化が必要である。

　長良川水文化デジタルアーカイブは，国土交通省，岐阜県，岐阜女子大学，NPO法人地域資料情報化コンソーシアム（現NPO法人日本アーカイブ協会），文溪堂などが協力し，長良川の源流から河口までを対象として，文化，歴史，産業，自然，河川などの総合的なデジタルアーカイブとして，2002年から2005年の4年間で完成させたものである。

　各専門分野の研究者等を組織化し，数十名の協力者で構成し，デジタルアーカイブの調査・資料収集・開発が進められた。ヘリコプターによる空撮も行われた。

　長良川水文化デジタルアーカイブでは，源流から河口までを対象として，次のような項目のグループに分けて，資料収集を進め，全体のデジタルアーカイブ化を行った。

■長良川水文化デジタルアーカイブの構成

〈長良川と自然〉
　長良川の流れ
　長良川と大地
　長良川と生き物

〈長良川と社会〉
　長良川と農業
　長良川と漁業
　長良川と林業
　長良川と伝統的な産業
　水の利用
　長良川を渡る
　水との戦い
　長良川の環境保全・整備
　長良川の遊び
　住民参加の活動

〈長良川と文化〉
　長良川と信仰
　長良川と祭
　長良川と芸能
　長良川の文芸
　長良川と観光
　長良川の学習館

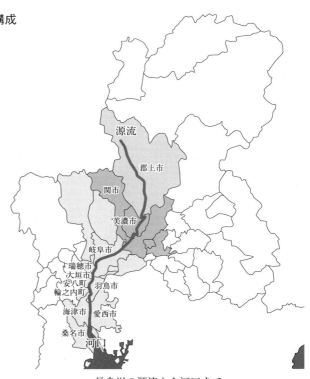

長良川の源流から河口まで

長良川水文化デジタルアーカイブでは，組織委員会を，委員長，運営委員代表者，企業，上級デジタル・アーキビスト[1]で構成し，全体を統括し，各地域のデジタルアーカイブ化の対象を決めた。
　運営委員会は，大学研究者・博物館学芸員・公共機関代表者・教員・民間協力者などの専門家で構成し，情報・資料の収集，調査を行い，具体的な撮影場所・対象物を決め，情報・資料の収集と提供を行った。
　上級デジタル・アーキビストらが，撮影，記録，デジタルアーカイブの開発，流通を行い，数年間の研究で，計画，調査，撮影，デジタルアーカイブ化を実施した。

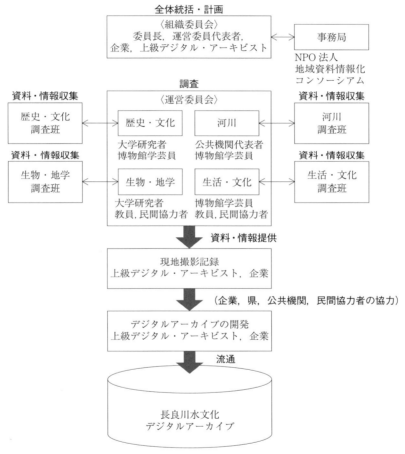

長良川水文化のデジタルアーカイブ開発組織

長良川水文化デジタルアーカイブコンテンツ（一部／全167タイトル）

長良川と自然	長良川と社会	長良川と文化
長良川の流れ	長良川と農業	長良川と信仰
・源流の流れ	・輪中の農業	・白山信仰と美濃禅定道
・上流の流れ	・岐阜市の農業	・高賀山信仰と農民の雨乞い踊り
・美濃・関付近の流れ	・ひるがの高原の農業	・治水神社
・岐阜付近の流れ	長良川と漁業	・川崎神社
・下流の流れ	・輪中の川魚漁	・羽島市の社寺
・河口の流れ	・洞戸村の火振り網漁	・願證寺
・吉田川の流れ	・モクズガニ漁	・池之上みそぎ祭り
・板取川の流れ	・落ちアユ漁	・ごまんど祭り
・津保川の流れ	長良川と林業	・米かし祭
・武儀川の流れ	・関市上之保のデカ木住宅	長良川と祭
長良川と大地	・森林組合の活動	・長良川祭り
・大日ヶ岳，鷲ヶ岳	長良川と伝統的な産業	・花奪い祭りと延年の舞
・源流	・関市の刃物	・ひんここ祭り
・上野高原	・美濃和紙	・流域のさくら祭り
・阿弥陀ヶ滝	・鯉のぼりの寒ざらし	・美濃祭り
・美濃白鳥湖成層	・郡上本染め（藍染め）	・岐阜まつり・道三まつり
・谷底平野	・郡上の漁具	・ぎふ信長まつり
・郡上郡八幡町一帯の鍾乳洞	水の利用	・七日祭
・曲流と環流丘陵	・名水・泉	・高鷲の祭礼
・長良川の扇状地	・忠節用水	・九頭の宮祭
・濃尾平野の自然堤防帯	・曽代用水	・今尾の左義長
・三角州	・席田用水	長良川と芸能
・川浦渓谷	・中濃用水	・長良川薪能
・河岸段丘が語る太古の流れ	・長良川発電所	・真桑文楽
・梅原断層と鳥羽川の立体交差	・用水堰	・郡上おどり
・熊石洞の哺乳動物化石	長良川を渡る	・白鳥踊り
・奥長良川県立自然公園	・小紅の渡し	・東常縁の和歌
長良川と生き物	・長良川の船大工	・平方の勢獅子
・長良川源流の自然	・長良川の水運	・寒水の掛踊
・村間ヶ池の生き物	・長良川鉄道	・郡上宝暦義民太鼓
・サンショウウオの住む川	・長良橋の変遷	・高雄歌舞伎
・ため池の生き物たち	・忠節橋の変遷	長良川の文芸
・洞窟の生き物	水との戦い	・芭蕉と岐阜
・二次林の生き物たち	・輪中	・長良川と小説
・清流に生きる魚たち	・水屋に見る生活の知恵	・円空上人
・長良川のアユの一年	・犀川事件	・昔ばなし
・照葉樹林の北限と，その樹林帯の生き物たち	・宝暦治水	・東常縁と飯尾宗祇
・長良川の水生昆虫	・明治改修	長良川と観光
・渡り鳥の楽園	・長良古川・古々川の締切り	・長良川沿いの温泉
・河川敷の生き物たち	・長良橋の陸閘	・世界イベント村ぎふ
・針葉樹林の原生林に迫る	・長良川河口堰	・ヤナ場
・河口の植物	長良川の環境保全・整備	・長良川と食文化
	・漁場環境整備	・小瀬の鵜飼
	・長良川プロムナード計画	・岐阜の鵜飼
	長良川の遊び	・アユの友釣り
	・花火大会	長良川の学習館
	・水のまち郡上八幡	・岐阜市歴史博物館
	住民参加の活動	・海津町歴史民俗資料館
	・長良川環境レンジャー	・片野記念館
	・清流を守る住民活動	・明宝村立博物館
		・長島町輪中の郷
		・白山文化博物館
		・郡上八幡城

長良川デジタル百科事典(長良川水文化デジタルアーカイブ)

■上流域

長良川源流域　大日ヶ岳

長良川源流の碑

■中流域

曽代用水　富士塚分水

美濃橋　上有知川湊

第2章　一つの資料を基点として形成される文化　29

■下流域

金華山から見た長良川

輪中水屋

2.2 長良川鵜飼

　岐阜市内を流れる長良川では，1300年以上にわたって鵜の習性を活かして鮎を狩る鵜飼が受け継がれており，長良川鵜飼として親しまれている。毎年5月11日から10月15日にかけて行われ，夏の風物詩となっている。鵜匠が，10羽前後の鵜につけた手縄をさばくことで鵜を操って漁をする。

　2015年3月2日，長良川鵜飼は関市小瀬に伝承されている小瀬鵜飼と合わせて「長良川の鵜飼漁の技術」として国指定の重要無形民俗文化財に指定された。

鵜飼開始合図の花火

篝火おこし

篝火入れ

鵜飼準備

狩り下り

総がらみ六舟の鵜舟

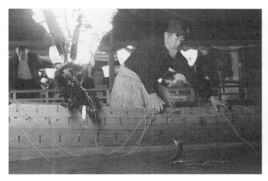
鵜飼終了

地元の子どもたちへの鵜飼説明

　長良川鵜飼の撮影記録（2009年）では，舟上からは常時任意のアングルから360度を見ることができるパノラマ動画撮影のほか，ハイビジョン映像や一眼レフカメラでも撮影記録した。また観客と同じ目線で記録するため鵜飼観覧船からもハイビジョンカメラや一眼レフカメラを用いて撮影した。さらには岸からも撮影した。鵜飼を始める前に，風折烏帽子や腰蓑など古式に則った装束をまとった鵜匠が，装束や道具，鵜の扱い方などについて，地元の子どもたちに説明する様子も撮影した。

舟上からのパノラマ動画撮影

舟上からの観客と同じ目線での撮影記録

鵜飼観覧船からの撮影

岸からの撮影

■注
1：デジタル・アーキビストとは、デジタルアーカイブを適切に行う能力を有することを示す資格であり，NPO法人日本デジタル・アーキビスト資格認定機構では，以下のとおり，資格の種類ごとに，有する能力を定めている。
　　　上級デジタル・アーキビスト（デジタルアーカイブの計画および開発能力のある者）
　　　デジタル・アーキビスト（デジタルアーカイブ制作能力のある者）
　　　準デジタル・アーキビスト（基礎的なデジタルアーカイブ制作能力のある者）
　　　デジタルアーカイブクリエータ（デジタルアーカイブ作成の基礎的な能力のある者）

第3章　複数の資料・地域間で形成される文化

　本章で事例として取り上げた延年の舞や袋中上人の足跡は，地理的には離れた地域とそれぞれで生み出された資料が関係している（延年の舞の場合は岐阜県や岩手県，袋中上人の場合は福島県・沖縄県・京都府）。このように複数の資料や地域間で形成される文化については，それぞれの資料や地域の歴史的背景や人々の思いをはじめとして，資料や地域間の繋がりを調べ，記録する必要がある。

　このようなデジタルアーカイブに取り組むためには，次のような留意点が挙げられる。

①地域間の文化の伝承

　一つの地域の文化が他地域に伝わり，新しい文化として発展している文化活動は各地にみられる。これらの文化は，地理的に離れているため，それぞれの伝承の経緯等や現在発展している様子についての調査，資料収集とそのデジタルアーカイブ化を，地域ごとに，計画的に行う必要がある。

②同時代に各地で広がった文化活動

　同時代に各地で，あるいは全国的に広がった文化活動が，数カ所で現存しているのみという事象は多い。これらは，一般的に，時代とともに変遷していると考えられるため，編年順に，その経緯を調査，資料収集し，デジタルアーカイブとして残す必要がある。

③間違いを伝えない

　複数の資料・地域間でのデジタルアーカイブを，数十年，数百年後に伝承するとき，現在（昔）のデジタルアーカイブした資料内容に間違いがある場合，未来では，その真偽を検証するすべがなく，間違ったものが正しいと認識される可能性がある。これは，本章の資料に限ったことではなく，資料内容は，専門家で入念にチェックし，正しい情報を伝えるよう気を付ける必要がある。

3.1 延年の舞

「延年の舞」の起源は不明であるが，「左經記」等の1018（寛仁2）年の記事に参照され，平安時代中頃より行われたと考えられている。大法会のあとに舞われ，後の能楽の発生にも影響している（猿楽や能などに発展したともいわれている）。東大寺をはじめ，各地の寺社で舞われてきたが，現在は，岩手県平泉町の毛越寺（もうつう）と岐阜県郡上市の長滝白山神社などで舞われているのみである。

舞や踊りなどのデジタルアーカイブでは，それぞれの地域における歴史的背景，地域の人々の信仰心など多様な観点に配慮し，撮影記録すべきである。

3.1.1 舞や踊りの撮影記録

（1）撮影記録に関する注意

舞・踊りなどは諸行事の中に位置づけられることが多く，特に次の選定評価（項目）について配慮し，どのような点に注意すべきか，主催者，担当者に撮影記録上の適否についてあらかじめ確認する必要がある。

①保管・流通の適否（長期保管として取扱い）……撮影は許可されても当面の間，外部への提示・流通ができない場合が多く，注意が必要である。

②資料保有特者の慣習，権利（著作権，個人情報保護，プライバシー権，所有権等），利益……舞・踊りなどの文化活動では，長い歴史の中で守られてきた慣習があり，配慮が必要である。

③社会的背景……地域の歴史的な背景に注意し，撮影者の立場で行動しないことが大切である。

④文化的内容の適否……撮影者の立場で勝手に文化的価値を判断して行動しないことが大切である。

（2）撮影条件に関する注意

①照明・フラッシュの利用の適否……舞・踊りなどの障害になるフラッシュなどの強い光により，面をつけて舞う際，面から強い光が入ると目が眩み，所作ができなくなる。また，宗教上の行事の関係での照明の適否も考慮する。暗い場所での行事（舞・踊りも含め）があり，その場合は撮影は控える必要があるため，担当者に適否を確認する。

②撮影位置の問題（撮影すべきでない位置）……祭壇の前（祭壇に背を向けて），諸行事の前からの撮影は，原則として撮影しない。

③撮影禁止の場所・所作など……宗教的な理由により施設・所作などの撮影が禁止されていることがあるため，事前にその有無を確認する必要がある。

④記録（撮影）できない文書，絵，品物など……宗教的・歴史的な背景で撮影記録できない文書，絵，品物などがある。

（3）デジタルアーカイブとして重要な「気配(けはい)」を伝える撮影記録

伝統的な舞・踊りなどは，厳かな雰囲気の中で行われることもあり，そこでは，「気配」を伝えられる撮影記録が必要な場合がある。

例えば，かすかな明かりと静かな中での足音，衣擦れの音，重々しい声から「気配」が伝わるようなデジタルアーカイブの撮影が望まれる。

必要に応じて，いかに「気配」を伝える撮影記録をし，提示できるかは，デジタルアーカイブの一つの課題である。

毛越寺の二十日夜祭で執り行われる「延年の舞」では「気配」を伝える撮影記録を行った。

特に，「祝詞」の舞は，音のない世界（状況）で行われる数分間不動の所作である。かすかな明かりと静けさの中で見える姿からは力強さが伝わってくる。

3.1.2　毛越寺　二十日夜祭

正月14日から20日まで新春の祈祷である摩多羅神祭(またらじん)が執り行われ，20日は特に「二十日夜祭」と称される。二十日夜祭の中で執り行われる延年の舞は，岐阜県郡上市の長滝白山神社六日祭（毎年1月6日執行）の延年の舞とあわせて「二大延年」といわれている。延年の舞は，周囲の蔀戸(しとみど)や遣戸(やりど)も一部開け放たれた常行堂で執り行われる。外気温氷点下12度という気温の中，粛々と演目が夜半まで続く。

延年の舞　田楽舞

延年の舞　路舞

延年の舞　祝詞

延年の舞　若女・禰宜

境内の様子

延年の舞が執り行われる常行堂

3.1.3　長滝白山神社　六日祭

　奈良時代はじめに泰澄大師により創建された長滝白山神社は，加賀，越前，美濃，飛騨，越中の5つの国境にそびえる白山を崇める白山信仰の中心地である。加賀，越前，美濃にはそれぞれ馬場（白山への登拝拠点）があり，美濃馬場である長滝白山神社は，白山中居神社を経て白山に登拝する白山禅定道の入り口に鎮座している。

　明治維新以前は白山中宮長滝寺と称されていたが，明治時代の神仏分離により長滝白山神社と白山長瀧寺に分離された。しかし，神仏分離後も（現在も）長滝白山神社と白山長瀧寺は同じ境内にある。また，白山信仰が盛んであった鎌倉・室町時代を中心に全国から寄進された秘宝が文化財として数多く残っており，白山文化博物館・別館の白山瀧宝殿，若宮修古館に展示されている。

参道

境内の様子

本殿

長瀧寺

宮司　若宮多門氏のオーラルヒストリー（修古館にて）

　毎年1月6日に六日祭で執り行われる延年の舞は，岩手県平泉町の毛越寺二十日夜祭（毎年1月20日執行）延年の舞とあわせて「二大延年」といわれている。長瀧白山神社では，氏子によって伝承されており，1月2日から準備を行う。演目は全部で9つあり，拝殿の正面舞台にて奉納される。
　2005年に行った撮影は，多くの観客で賑わう祭の当日ではなく，前日5日の通し稽古の際に，当日と同じ衣装を着けてもらい撮影した。

六日祭当日の様子

拝殿の天井からつるされた五蓋の花笠

延年の舞　酌取り

延年の舞　露払い

延年の舞　乱拍子

延年の舞　大衆舞

撮影方法は，多視点同時撮影とし，一眼レフカメラは8方向（拝殿舞台の上に5台，舞台下に3台設置），ビデオカメラは4方向から撮影を行った。多視点同時撮影は，一方向からの撮影に比べて多角的に記録することができ，全体の動きのみでなくさまざまな角度から手足の所作などを記録することができる。

拝殿舞台周辺の撮影記録の様子

拝殿舞台正面の撮影記録の様子

8方向からの同時撮影画像

3.2 白山文化：禅定道と三馬場

　白山は古くから信仰の対象として崇められ，また文化を形成してきた山である。白山信仰は，美濃国，越前国，加賀国（現岐阜県，福井県，石川県）にまたがる白山を対象とした山岳信仰であり，古代より山そのものが神体とされていた。この原始的な白山信仰を修験道として体系化したのは，白山に最初に登頂し，開山した泰澄大師といわれる。白山の山頂（禅定）への道は白山をとりまく美濃・越前・加賀の三国からそれぞれに存在しており，美濃禅定道・越前禅定道・加賀禅定道という。また禅定道の起点となった場所を馬場（ばんば）といい，各禅定道ごとに，美濃馬場・越前馬場・加賀馬場が成立している[1]。

　全国の白山神社の総本宮は，加賀（石川県白山市）の白山比咩神社（しらやまひめ）（元は白山山頂（禅定）の奥宮が本宮）とされており，白山比咩大神菊理媛尊（くくりひめ）を主祭神とし，伊邪那岐神（伊弉諾神）・伊邪那美神（伊弉冉神）の3柱を祀る。

　デジタルアーカイブの対象には，このように多地域にわたって歴史や文化を形成するものも多い。対象資料のどの部分が，歴史や文化を形成する根本であるのかを調べ，それに沿った記録（場合によっては，地域ごとの協力者を得る必要が生じる）を行う必要がある。白山文化の場合は，信仰のもととなる山頂（禅定）への道である禅定道と三馬場であり，それに沿った記録が求められる。

白山をとりまく禅定道と三馬場

白山	禅定道	禅定道の起点（馬場）	
		平安時代	現在
御前峰（最高峰），剣ヶ峰，大汝峰を中心とした周辺の山峰の総称	美濃禅定道	美濃馬場	
		美濃国白山中宮長滝寺	長滝白山神社
	越前禅定道	越前馬場	
		越前国霊応山平泉寺	平泉寺白山神社
	加賀禅定道	加賀馬場	
		加賀国白山寺白山本宮	白山比咩神社

　以下は，白山文化のデジタルアーカイブとして，山岳信仰の対象である白山の山頂へ至る道である「禅定道」を中心に，その信仰の歴史と文化財を記録したものである。

3.2.1 美濃馬場

(1) 長滝白山神社，白山瀧宝殿（白山文化博物館・別館）

　石川県の白山比咩神社，福井県の白山平泉寺と並ぶ白山信仰の三大拠点の一つである。

長滝白山神社

中尊寺のハスから株分けされたハスの花

白山瀧宝殿

白山瀧宝印　版木（カラーコード有）

長滝白山神社　境内の様子

長滝白山神社内　白山美濃馬場碑

（2）美濃馬場　阿弥陀ヶ滝（岐阜県郡上市白鳥町）

　日本の滝100選であり，岐阜県名水50選の阿弥陀ヶ滝は，落差約60mの名瀑である。長良川の源流の一つ，前谷川の上流に位置し，白山を開山した泰澄大師により発見されたといわれる。白山信仰の修験道（滝行）の地であり，白山のシンボルの一つである。

美濃馬場　阿弥陀ヶ滝

3.2.2　越前馬場　白山平泉寺（福井県勝山市平泉寺町）

　717（養老元）年，泰澄大師によって開山されたとされる。この一帯は，最盛期には8000人もの僧兵がいたといわれ，栄えていたが，1574（天正2）年，越前一向一揆勢により焼き払われた。その後，再興され，白山の三馬場の一つである越前馬場（越前禅定道の拠点）となっている。

二の鳥居　　　　　　　　　　　　　　　　境内の様子

3.2.3　加賀馬場　白山比咩神社（石川県白山市）

　創立は崇神天皇の時代と伝えられ，717（養老元）年，泰澄が初めて白山に登拝した後，全国的に信仰が広まり隆盛を極めた。霊峰白山を御神体とする全国白山神社の総本宮であり，「白山さん」と呼ばれている。白山の三馬場の一つである加賀馬場（加賀禅定道の拠点）である。

▲拝殿

白山比咩大神を乗せて白山に登拝するといわれる神馬の像▲

3.3　宇佐神宮，手向山八幡宮：歴史的背景と相互の関係

　地域文化には，その地域固有に伝承されてきた文化だけではなく，地域の文化との関係によって創造される文化がある。そして，地域に伝わった文化が，次世代へと伝えられ，その地域特有の文化となっている場合も多い。

　このような地域間の関係は，例えば，宇佐神宮と手向山八幡宮，いわき市のじゃんがら念仏踊りと沖縄のエイサーなど，かなり離れた地域間にも見受けられる。

　一般にデジタルアーカイブを開発するとき，地域間について注目することはなく，個別の地域の資料に着目することが多い。これでは，地域間の歴史的なつながりを含めた情報提供とはならない。

3.3.1　宇佐神宮と手向山八幡宮の関係

　宇佐神宮と手向山八幡宮の関係は，八幡神が，宇佐神宮から奈良の手向山八幡宮に初めて分祀，勧請されてから1200年以上続いている。後に八幡神は，国家の守護神，仏法の守護神，武神として全国に広く勧請され，現在，「八幡神社」は神社の中でも最も多く祀られている。

【東大寺御神幸記念碑文】
天平勝宝4（752）年聖武天皇の進めた東大寺大仏造立事業が完成しました。八幡神はこの事業を支援したため輿に乗って入京し完成間近の大仏を拝しました。これが神輿の起源とされています。
宇佐八幡神輿フェスタは1200年の時空を超えて八幡神輿の大仏参拝を再現し，「神仏集合と神輿発祥の地・宇佐」を全国にアピールすることを目的に計画されました。2002年10月5日，児童・生徒を含む宇佐市民など約500人の行列が宇佐八幡神輿を奉じて東大寺を参拝しました。多くの人びとの協力によって，歴史に残る大行事が見事に達成されたことをここに記します。
　　　　　　　　　　　　2003年8月2日
　　　　　　　宇佐八幡宮神輿フェスタ振興協議会
　　　　　　　　　　会長（宇佐市長）時枝正昭

手向山八幡宮
この手向山八幡宮は，奈良時代聖武天皇が大仏の造営をされたとき，これに協力のため七四九（天平勝宝元）年に宇佐から八幡宮を向かえ，大仏の近くの鏡池（八幡池）の東側に鎮座したのに始まる。そして以後東大寺を鎮守したのである。鎌倉時代の一二五〇（建長二）年に北条時頼によって現在地に遷座した。（略）
　　　　　　　　　　　　　　　【ご由緒書き】

宇佐神宮「東大寺御神幸記念碑」と手向山八幡宮御由緒書より抜粋

3.3.2 宇佐神宮（大分県宇佐市）

宇佐神宮は，全国の八幡宮，八幡神社の総本宮であり，八幡大神（応神天皇）・比売大神・神功皇后が祀られている。

現在は，大分県宇佐市南宇佐の小椋山（亀山）に鎮座されている。宇佐神宮の創建や祭祀は諸説あるが，現在の地から離れた，発祥の聖地の一つである御許山（馬城峰）には摂社大元神社があり，現在も祭祀が行われている。

鳥居

（1）大鳥居から上宮まで

宇佐神宮は，境内そのものが国指定の史跡である。寄藻川を渡り，大鳥居から本殿が鎮座する上宮までの参道には，国宝や国指定重要文化財等に指定された建築物が立ち並び，参道以外にも多くの摂末社，建築物，史跡が点在している。

国宝に指定されている本殿は，神社建築の様式の一つである八幡造を代表する建築物である。八幡造は，ほぼ同様の形を全国の八幡神社などでみることができる。このほか，宇佐神宮には，国指定重要文化財の摂社若宮神社，県指定有形文化財の呉橋，南中楼門（勅使門），末社北辰神社，宇佐鳥居，西大門などがある。宇佐神宮の鳥居は，鳥居の形式のひとつ「宇佐鳥居」である。

宇佐神宮は古来の参拝方法を残しており，二拝四拍手一拝である。

神社や寺院など宗教施設を記録するとき，建築物一つひとつにもさまざまな歴史，由来，様式などがあることに留意する。また，歴史的な年代特定や名称などは，伝承や解釈等によって異なる場合がある。また，それぞれの建築物等の位置は，重要な意味をもつことが多いため，後から確認が容易であるように，情報を整理しておくとよい。

南中楼門（勅使門）

西大門

宇佐神宮の境内は，おおよそ以下のような配置となっている。

　寄藻川を渡り大鳥居をくぐると，日本三沢の一つである初沢池，宝物館，参集殿がある。参道を進むと斎館，神宮庁，向かいに絵馬堂，能楽殿，八幡大神が御現れになった霊池である菱形池がある。下宮を過ぎると，イチイガシの森が広がり，小椋山を階段で登っていく。西大門の手前の鳥居が宇佐鳥居の規格となっている。宇佐鳥居は檜皮葺の屋根があり，台輪を柱上に置き，額束がない。さらに進むと，本殿が鎮座する上宮である。

　上宮は，南中楼門を中心に回廊が巡らされ，内側に本殿である一之御殿，二之御殿，三之御殿が鎮座する。

大鳥居と社標

社標

初沢池と参集殿

能楽殿

神宮庁

放生池

（2）奈良東大寺への御幸と神輿

　宇佐神宮が，752（天平勝宝4）年に聖武天皇が行った東大寺盧舎那仏の大仏建立事業に協力した際，八幡大神を紫の神輿にお乗せして奈良の都に入った。これが神輿の始まりとされている。はじめは東大寺大仏殿近くの鏡池（八幡）の東に手向山八幡宮を建立したが，鎌倉時代に現在の場所へ遷っている。

（3）国宝　本殿の八幡造

　八幡造は，切妻造を前後に並べて中央に谷をとり，それに陸樋（りくとい）を架けてその箇所を相の間とした。流造と同様に神明造が変化したものだが，千木，勝男木はない。東大寺法華堂などの仏寺建築の影響を受けているともいわれる。宇佐神宮の社殿は725（神亀2）年，733（天平5）年，823（弘仁14）年に建てられたが，現存の社殿は文久年間（1861～1863年）に再建されたものである。

　宇佐神宮の本殿は，前殿の「外院」と奥殿の「内院」2つの院と間をつなぐ相の間（馬道）で構成されている。外院と内院の屋根は切妻造で，相の間と接するところに金の雨樋がある。昼に御椅子が置かれた外院，夜は御帳台がある内院と，大神が院を移動されることが八幡造の由来となっている。

本殿一之御殿と末社春日神社

本殿一之御殿

本殿一之御殿の八幡造り

本殿二之御殿，申殿と回廊

（4）和間神社

　和間の地は，神武天皇御東征の寄港地であり，神功皇后の三韓征伐の軍船が作られた地でもあるといわれ，宇佐と共に古い神蹟とされている。

　735（天平16）年に宇佐神宮が古代から由緒のある神域である和間の地で勅大祭が行ったのが，現在全国各地で秋に行われる放生会の始まりであり，また和間神社の起こりでもある。

　宇佐神宮の仲秋祭（放生会）では，八幡大神が和間神社（浮殿）まで渡御し，蜷（にな）や貝を和間の浜に放流する。

鳥居

拝殿

和間の浜　浮殿

和間の浜　浮殿碑

3.3.3　手向山八幡宮（奈良県奈良市）

　奈良時代，宇佐神宮から初めて分祀，勧請された八幡宮である。

　749（天平勝宝元）年，八幡神の託宣によって，東大寺大仏殿の守護として奈良の地に降り立たれた。初めは平城宮南梨原宮，次いで東大寺近くに遷り（鏡池，八幡池とも），鎌倉時代，社殿が戦乱によって焼かれ，現在の地に遷った。明治以前は東大寺八幡宮，手向山八幡宮などと称され，明治初年の神仏分離以降は東大寺から独立した。

（1）文化財

　手向山八幡宮（県指定文化財　江戸時代）には，境内社住吉社本殿（重要文化財　鎌倉時代），宝庫（重要文化財　奈良時代　校倉），唐鞍（国宝　鎌倉時代），狛犬（市指定文化財　鎌倉）など18件の国県市の指定文化財がある。

　また，1998（平成10）年12月，手向山八幡宮を含む東大寺，興福寺，春日大社，春日山原始林，元興寺，薬師寺，唐招提寺，平城宮跡が，古都奈良の文化財としてユネスコの世界遺産に登録されている。

明神鳥居（一の鳥居）　　　　　　　元の鎮座地

楼門　　　　　　　　　　　　　　拝殿

本殿　　　　　　　　　　　　　　東照宮

（2）校倉造の宝庫（神宝庫）

楼門の右脇に建っている校倉造りの神宝庫は奈良時代の建造物で，重要文化財に指定されている。神宝庫の軒瓦には「神宝転害会叉蔵」という文字が刻まれており，床は高床になっている。

校倉造りとは三角状の校木を交互に組み上げる建築様式をいう。組み上げた校木が空気中の湿度により膨張・収縮し，それにより生まれる隙間によって倉内の湿度が適度に調整され，保存されている宝物を長年にわたり守ってきた。

宝庫

宝庫の校倉造

（3）境内社住吉社

境内社住吉社本殿は，国の重要文化財に指定されている。一間社，流造，屋根は檜皮葺きであり，鎌倉時代の特徴を残している。

境内社住吉社

住吉社と宝物殿

（4）国宝唐鞍

奈良時代に宇佐八幡宮（大分県）から八幡宮ご勧請以来の古い祭礼である転害会（転害会は，東大寺の西北に位置する転害門を御旅所とした祭り。手掻会とも）に使用された唐鞍で，現在，手向山八幡宮の絵馬は，その馬飾りを簡略化した図柄となっている。

手向山八幡宮の絵馬

（5）菅公句碑と菅公腰掛石

菅原道真公の，「このたびは　幣もとりあえず　手向山　もみじの錦　神のまにまに」という有名な和歌が詠まれたのが，この手向山であり，その際，腰を下ろして和歌を詠んだとされる石が写真中央の石の右隣の石である。

京都から吉野への天皇の御幸に同行する際に詠まれた歌であり，現在も，もみじの名所として知られている。

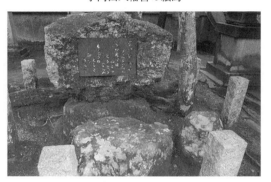

菅公句碑と菅公腰掛石

（6）オーラルヒストリー

宇佐神宮と手向山八幡宮のように歴史的にも古く，また多くの資料や古文書等が保存されている場合に，どの情報をどの程度記録し提供するかが問題となる。

撮影記録にあたっては，社寺・施設の関係者との打ち合わせ，許可が必要となる。可能であれば，責任ある立場の方にオーラルヒストリーを依頼し，歴史，現状と地域間の相互の関係を把握できる情報として収録するとよい。手向山八幡宮では，上司延禮氏（権宮司）による歴史的背景などのオーラルヒストリーを記録した。

権宮司上司延禮氏によるオーラルヒストリーの様子

御神墨

御神墨箱内ご由緒

3.4 袋中上人の足跡とエイサー

　じゃんがら念仏踊りの由来は諸説あり，その起源は不明確である。1656(明暦2)年に沢村勘兵衛勝為の一周忌に利安寺（福島県いわき市）で踊ったことを示す記録があり，現在発見されている記録の中ではもっとも古いものとされている。また，じゃんがら念仏踊りは，平安時代に空也がはじめた念仏踊りの流れを組むものといわれている。

　このじゃんがら念仏踊りを，いわき市出身の名僧　袋中上人（たいちゅうしょうにん）が琉球（現在の沖縄）に渡った際に伝え，それが現在の沖縄県の伝統芸能であるエイサーの起源となったともいわれている。エイサーは沖縄の旧盆に行われ，盆踊りにあたる。

　じゃんがら念仏踊りは市指定無形民俗文化財に，エイサー（平敷屋エイサー）は市指定無形民俗文化財に指定されている。

　デジタルアーカイブでは，ある人物や事柄の動き（足跡など）に関わる資料を整理し，丁寧に記録することも必要である。

■袋中上人の足跡

　1552(天文21)年，袋中上人は，陸奥国磐城郡磐前村西郷（現福島県いわき市）で生まれた。母は，能満寺の虚空蔵菩薩に祈願して袋中上人をみごもったと伝えられ，能満寺には，袋中上人誕生の地の石碑が建てられている。1565(永禄8)年に出家し，その後，各地の寺社で学問の修学に励んだ。1603(慶長8)年，未だ日本に渡来していない経典なども持ち帰りたいと，渡明をしたが，当時，豊臣秀吉の朝鮮出兵により国交を閉ざされたままであり，入国を許されず，琉球に渡ることとなった。その後，3年にわたって琉球の地で行化した。琉球国王尚寧は，袋中上人に深く帰依し，袋中上人のために桂林寺（現在は行化碑があるのみ）を創建した。袋中上人の広めた浄土念仏は小録浄土として系譜され，1975(昭和50)年，小録の地に浄土宗別院袋中寺が建立された。琉球を後にした袋中上人は，1606(慶長11)年，京都三条大橋の際に創建した檀王法林寺で，多くの信者とともに寺域を拡大した。その後も西壽寺建立など，諸寺において念仏教化につとめた。1639(寛永16)年，入寂した。

■袋中上人の生没地と行化地

福島県いわき市　袋中上人誕生地石碑

福島県いわき市　能満寺　山門

▲福島県いわき市　菩提院　境内の様子

沖縄県那覇市松山町松山公園内（桂林寺址）　袋中上人琉球行化碑▲

沖縄県那覇市小禄　袋中寺　扁額

沖縄県那覇市小禄　袋中寺　外観

京都府京都市左京区　壇王法林寺　山門

京都府京都市左京区　壇王法林寺

京都府京都市左京区　壇王法林寺　袋中上人像

京都府京都市左京区　壇王法林寺　袋中上人墓碑

京都府京都市右京区　西壽寺　本堂

京都府京都市右京区　西壽寺　袋中上人像

▲京都府京都市右京区　西壽寺　袋中上人墓碑

京都府京都市右京区　西壽寺　袋中上人墓碑前からみた景色▲

■じゃんがら念仏踊り

じゃんがら念仏踊り（菩提院）　　　　　　　　じゃんがら念仏踊り（菩提院）

■エイサー

エイサー（宜野湾市青年エイサー祭り）　　　　エイサー（平敷屋青年エイサーの夕べ）

■参考文献

『日本史辞典』岩波書店，1999.

『宇佐神宮』宇佐神宮庁.

『宇佐神宮由緒記』宇佐神宮庁.

信ケ原良文『琉球と袋中上人：生い立ちとその行跡』だん王法林寺，1938.

中野幡能『宇佐宮：日本歴史叢書』吉川弘文館，1985，247p.

本田安次『日本の伝統芸能：本田安次著作集　第15巻』錦正社，1998.

宮地直一，佐伯有義『神道大辞典』縮刷復刻版，臨川書店，1986，1474p.

御代英資著，浄土宗出版編『袋中上人』（てらこやブックス18）浄土宗，2003.

山内泰明『神社建築』神社新報社，1967，222p.

宇佐神宮　　http://www.usajinguu.com/index.html，（参照2017-08-31）.

東大寺　　http://www.todaiji.or.jp/contents/guidance/index.html，（参照2017-02-10）.

第4章　地域の民俗・文化

　本章で事例として取り上げた地域の祭りや民話等の民俗文化は，特に，地域の人々の日常的なくらしや思い，その歴史や歩みそのものをあらわしている。民俗学が民間伝承を主な資料としていることに通じる。そのため，民俗文化のデジタルアーカイブには，人々がどのようにそれらを守り，伝えてきたのかを正しく記録することが求められる。例えば，祭りの本番のみでなく，地域の人々が（祭りの）準備をどのように行っているか，どのように民話を語り伝え，そこにはどんな意味があるのかを，場合によっては解説等を加え，記録していく必要がある。
　このようなデジタルアーカイブに取り組むためには，次のような留意点が挙げられる。
　①古くからの歴史的背景の調査と資料記録
　地域の祭りなどの民俗・文化は，古い歴史をもつものが多い。そのため，これらの歴史的背景を調査し，よく理解した上で，祭りや行事等の資料記録をすべきである。例えば，本章で紹介するハーリー等も，その歴史的背景を理解し，②のように，慣習に配慮して記録しなければならない。
　また，ハーリー，綱引き，祭など地域の民俗・文化は，準備から当日の行事等に至るまで，一連の流れに沿った，資料記録が必要である。
　②慣習に配慮した撮影記録
　歴史のある諸行事には，昔からの慣習があり，これを無視または知らずに撮影記録を行ったことで，後日，問題になることが多々ある。例えば，男性または女性の立ち入りが困難な場所・施設や祭主の前からの撮影など，地域の関係者と十分に打ち合わせて撮影記録すべきである。
　③多地点からの撮影
　一方向からの撮影記録ではなく，多地点に撮影者を配置し，一連の流れに沿った行事の撮影記録が必要である。特に，各地点での撮影者間で相互に連絡し，計画的な撮影記録をすべきである。

4.1 ハーリー

　旧暦5月4日に行われる船漕ぎ競争のこと。爬竜船(はりゅうせん)を漕ぎ，航海の安全や豊漁を祈願する海の神事で，沖縄県各地の漁港や海浜で行われる。旧暦の5月4日以外に，豊年祭や節祭などの農耕儀礼に際して競漕行事を行う地域もある。

　民俗行事等のデジタルアーカイブでは，まず行事が行われる本来の目的を把握し，メインイベントのみならず，その前後にある準備過程や片付けの様子，祈りの風景などもあわせて記録することが望ましい。また，同様の行事であっても地域による違いがみられることがあり，たいへん興味深いものがある。地域の自然環境や信仰といった文化的な背景がわかる情報や関係者へのインタビューなども大切な記録要素である。

（1）起源

　諸説あるため，『沖縄大百科事典』(沖縄タイムス社，1983)の記述を参考にした。
- 閩人三十六姓(びんじんさんじゅうろくせい)(明の洪武帝より琉球王国に下賜されたとされる閩人の職能集団，久米三十六姓(くめさんじゅうろくせい)ともいう)による招来説
- 長浜大夫による南京の爬竜船を模倣したという俗説
- 屈原の故事に結びつけて説かれたもの
- 東南アジア農耕民族の雨乞い祈願行事(馬淵東一説)

（2）各地の船漕ぎ行事

　各地の船漕ぎ行事には次のようなものがあり，地域により，雨乞い，豊穣・豊作，水神祭，水死者の鎮魂，厄よけ・払災といった意味がある。
- 旧暦5月4日(ユッカヌヒー)：糸満ハーレー，奥武島(おうじま)海神祭(奥武島ハーリー)，海野(うみの)ハーリー等
- 新暦5月3日～5日：那覇ハーリー
- 旧暦6月～7月頃(シヌグ)：本部町備瀬(びせ)・崎本部(さきもとぶ)・伊野派(いのは)のシヌグ等
- 旧暦7月頃(ウンジャミ)：国頭村比地(ひじ)のウンジャミ，大宜味村塩屋(しおや)・謝名城(じゃなぐすく)のウンジャミ等
- 旧暦8月～9月頃(節祭(しち))：西表島祖納(そない)・星立(ほしたて)の節祭等

　ユッカヌヒーとは沖縄の年中行事のひとつで，旧暦5月4日に爬竜船競漕などを行うことにより豊漁を祈願する。一般にウンジャミは女性の祭りで，シヌグは男性の祭りといわれる。ウンジャミのみ，あるいはシヌグのみを行う地域もあれば，ウンジャミとシヌグを交互に行う地域もある。海の彼方にある世界(ニライ・カナイ)から神を迎え，厄払い，豊作，村人の健康祈願，豊漁などを祈るものである。節祭は，1年を2つにわけて考えていた時代の後半の正月にあたると考えられている。地域によってさまざまな歌や踊り，爬龍船の催しがあり，豊作や水死者の鎮魂，村人の健康

祈願，豊漁などを祈る。

(3) 主な行事の流れ
①御願（うがん）……神役，役員，漕ぎ手らにより，地域の拝所等で航海安全と豊漁などの祈願が行われる。
②道ジュネー……地域によっては使用する船を所定の場所まで運ぶ際にパレードが行われる。
③競漕……東西，班，組，職域などに分かれて競う。航海安全と豊漁を祈願する御願バーリーのほか，速さを競うハーリーなどが行われる。
④報告……一連の競漕が無事に終了したことを拝所等で報告する。

(4) 記録の例：「海野ハーリー」
撮影日：2011(平成23)年6月5日（日）　撮影地：沖縄県南城市知念海野

御願（村の神）　　　　　　　　　御願（シーサー小）

御願（ウードーヌ神）　　　　　　御願（龍宮神）

道ジュネー

御願バーリー

競争バーリー

競争バーリー

閉会式

ハーリー終了報告（シーサー小にて）

4.2 大山の大綱引き

　沖縄の綱引きは，県内およそ170カ所において，今なお受け継がれている伝統行事である。国の定める文化財保護法においては，綱の形態や引き方について，南九州や朝鮮半島との関連性も指摘されるなど，内容的に豊富で，多様な魅力を有する地域の伝統文化として認められ，「記録作成等の措置を講ずべき無形の民俗文化財」に選定されている。

沖縄県宜野湾市　大山の大綱（先端）

沖縄県与那原町　与那原の大綱（胴体）

（1）綱引き行事と稲作文化

　沖縄県宜野湾市大山区の綱引きは，戦後しばらく途絶えていたが，1965(昭和40)年に復活して以来，毎年旧暦6月15日（ウマチーの日＝稲の豊年祭）に近い日曜日に開催されている。大山区のように，稲作の節日に行われることは，他の地域にも共通する沖縄の綱引きの特徴である。このことから，沖縄の綱引きが，元来，稲作文化と結びつきが強い伝統行事であることがわかる。

　沖縄の綱引きと稲作農耕との繋がりは，稲作が衰退した今なお，他地域から稲藁を調達してでも，綱の材料としているところに強く見て取れる。また，綱作りの際に，脱穀機を用いて稲藁を鋤くことも，稲作農耕との深い結びつきを伝えている。

調達先（沖縄県金武町伊計）の稲田

沖縄県金武町伊計より購入した稲藁

宜野湾市大山での藁鋤き作業

藁鋤き後の藁束

（2）綱引き行事と祭祀儀礼

　綱引き行事の一環として今なお続く，各聖地への参拝という祭祀儀礼も，地域の精神文化を今に伝える重要な地域文化情報である。宜野湾市大山区では，綱引き行事の成功祈願としての意味だけでなく，かつて稲作が盛んであった当時から伝えられる豊穣祈願といった予祝儀礼のほか，地域住民の健康と発展を願う意味合いが込められている。

　その他，災厄を祓うといった意味合いから，綱引き行事の終了後，綱を川へ流したり，焼き払うなどの処理を行う地域も存在する。

大山の聖泉「ヒージャーガー」

大山の斎場「綱の神」

大山の聖地「大山御嶽（ウタキ）」

大山の聖地「美底山（ミスクヤマ）」

　こうした聖地などの神聖な場所は、各地域で大切に護られてきた重要な文化遺産であるため、現地を取材・撮影する場合には、細心の注意を払わなければならない。事前に施設管理者・土地所有者へ撮影の許可を申請するだけでなく、地域住民が大事に護ってきた文化に対する理解と敬意をもって行う必要がある。

（3）大綱の形態

　大山の綱引きは、全長約40mの稲藁で綯った大綱2本（雄綱・雌綱）の先端の輪（これを「カヌキ」と呼ぶ）を、カヌキ棒（貫棒＝ぬきぼう）と呼ばれる長さ約8尺（240cm）の松の丸太を貫いて結び、集落を前部落と後部落とに二分して引き合う勝負となっている。また、カヌキに施された見事な編み込み装飾は、大山大綱の特徴を示している。

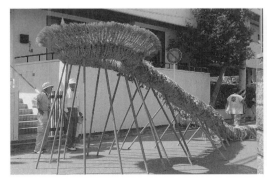
大山の大綱（雄綱）

カヌキ部分の編み込み作業

完成したカヌキの編み込み

カヌキ棒で一本に結ばれた大綱

(4) 大山の大綱引きの撮影方法

　大山の大綱引きの最大の見どころは，何といっても綱引き本番の前に行われる「アギエー（上げ合い）」と呼ばれるダイナミックな一本勝負である。この大山伝統の一戦は，両綱を長さ6尺（約180cm）の棒で頭上高く持ち上げてぶつけ合い，相手の綱を先に地につけた方が勝ちとなる，いわば大綱引きの前哨戦である。

　特に迫力あるアギエー勝負の撮影方法としては，両綱の全体的なモーション映像を記録するため，撮影者10人による多方向（10点）撮影を行った。今回，撮影協力者4人を高地ポイントに配置し，定点（固定）撮影を行った。残り6人は地上での自由配置として，フリーショット撮影とした。ここでの撮影のねらいとしては，高いポジションから両綱全体の動きを捉えることと，地上からは両綱の迫力ある動きと行事参加者の表情を接近で捉えることである。

定点撮影①（南東側高地）

定点撮影②（南西側高地）

フリーショット撮影①（北東側地上）

フリーショット撮影②（北西側地上）

アギエー勝負（フリーショット撮影）

アギエー勝負（定点高地撮影）

大綱引き（フリーショット撮影）

第4章　地域の民俗・文化

4.3　飛騨市古川町　古川祭の起し太鼓

　起し太鼓のデジタルアーカイブでは，祭の様子のみでなく，立地や関連文化財，祭のごちそうなど，祭をとりまく諸相を撮影記録した。起し太鼓は夜間，観光客でごった返す市中で行われるため，撮影場所の確保など事前の十分な準備が必要である。撮影記録にあたっては旧古川町・古川祭運営委員会及び地域の方々に一方ならぬ協力を得た。

4.3.1　飛騨市古川町

　飛騨市古川町（旧岐阜県吉城郡古川町）は岐阜県の北端にある旧吉城郡南部に位置し，飛騨の中心ともいえる高山市から北へ15kmの地点にある。2004(平成16)年2月1日に周辺町村（神岡町，河合村，宮川村）と合併し，現在は岐阜県飛騨市の一部となっている。

　室町時代，京都の公卿・姉小路氏によって治められた古川盆地は，天正13(1585)年，羽柴秀吉の命によって飛騨を平定した金森長近によって築かれた城下町として発展し，元禄年間には天領となり町民文化が栄えた。

（1）立地

　古川町は，周囲を1000m前後の山々で囲まれ，町の中央部に古川盆地が開け，宮川が南から北へ貫流する。東西両山地から荒城川などの河川が宮川に合流し，流域の海抜500m前後の河岸段丘の平地に集落や耕地が開ける。宮川に沿ってJR高山本線，国道41号が通じている。山地のため年平均気温は11℃前後と低く，積雪も多い。当初，増島城下町として築かれ古川盆地の中心地として盛えた当町は，今もその面影を残している。

（2）文化財

　文化財としては，国指定重要無形民俗文化財に古川祭の起し太鼓・屋台行事，県指定重要無形民俗文化財に数河獅子・般若踊・高田神社の神楽獅子がある。史跡としては，小島城跡・古川城跡・御番屋敷先史時代住居跡等があり，県天然記念物に鎮守ザクラ，黒内春日神社のトチノキ等がある。

4.3.2　気多若宮神社

　鎮座地は古川町上気多字榊ヶ岡1297番地。主神は，大国主神と御井神。873(貞観15)年に従五位下を授けられ，881(元慶5)年に従五位上を加うという。「斐太後風土記」によれば，能登国羽咋郡の気多大神（石川県羽咋市）をこの地に奉斎したため若宮と称す。この辺りは，旱年には日照りが多く，霖年には水が多くなるので，御井神を祀るといわれている。1589(天正17)年に金森可重が増島城築城にあたり，鬼門鎮護・産土神として崇敬したといわれており，正面を増島城に向けている。例祭は4月19日・20日，奉幣祭，神幸祭，夜祭等が行われ，古川祭として知られている。特

殊神事として行われる屋台曳行と起し太鼓の行事は「古川祭の起し太鼓・屋台行事」として1980(昭和55)年，国の重要無形民俗文化財に，また2016(平成28)年12月にはユネスコ無形文化遺産に登録された。ユネスコ登録の対象は，全国各地で催される33件の「山・鉾・屋台行事」の一つである。

4.3.3 古川祭

（1）別神事：神楽台組による御分霊奉迎

4月19日早朝，試楽祭とは別に，神楽台組による「御分霊奉迎」が行われる。

祭典は，修祓，祝詞奏上，神楽奏上，祝詞奏上，御分霊降下の順で行われる。

> 四月十九日朝六時三十分，それぞれの役によって決められている服装で，御分霊奉迎の係員が，向町当番会所に集合する。出発する前に二匹の獅子による獅子舞があり（中略），行列を整えて出発する。御分霊奉持員は御分霊を奉戴する御幣を持っていくし，係員が献備品を持って行く。神楽を奏しながら神社に到着する。昇殿して拝殿に整列する[1]。

> 拝殿下の広場で獅子舞を奉納してから，再び行列を組み，神楽を奏しながら向町へ下向する。そして御分霊を当番会所内の祭壇に安置する。（その後屋台が当番会所前に到着し，屋台に身分霊をつけ，町内試楽祭に出かける。）[2]

（2）神社の行事：試楽祭（奉幣祭と神幸祭）

① 奉幣祭

朝8時半，裃(かみしも)姿に一文字傘を手にした役員たちが社務所や境内に集まる。また雅楽麗人をはじめ，舞姫，巫女も装束を整え，それぞれ別室で控えている。9時25分頃より，役員や当番たちが並び始め，社務所から幣帛の入ったからびつが出てくる。その後，手水係がひしゃくで手に水をかけてやり，手を拭く紙を渡す「手水の儀」が行われる。

② 神幸祭

ア　神幸準備

雅楽・舞姫，采女が下り，白丁姿の行列奉仕員は自分の持つ旗を受け取って下りて行く。

・獅子舞……12時過ぎから，境内，石段下の広場で宮本組獅子5匹が獅子舞を奉納する。奉納を行った獅子は，表参道を下りて行く。

・闘鶏楽……獅子が退出すると，拝殿下で待機していた闘鶏楽が道行きを奏しながら石段を下り，広場で大きな輪を作る。幾つもの曲目を奉納し，終わると二列になって拝殿前に進み再び待機する。

獅子舞　　　　　　　　　　　　　闘鶏楽

　　イ　神幸祭
　19日午後1時近く，からびつが拝殿前に着けられ，神事が始まる。闘鶏楽の鉦の乱打のうちに，からびつに神還しが行われる。その後闘鶏楽が露払いをして，表参道の石段を下りていく。
　　ウ　宮本祭
　御神輿への神還しが済むと，五匹の獅子が奉納される。その後氏子から供物が供えられ，供物と参詣者のお祓い，祝詞奉上を行う。
　　エ　御神輿御巡行
　宮本祭が終わると，闘鶏楽が所定の位置まで前進する。神輿も少し前進し，進行係の指示によって行列ができていく。
　　オ　御旅所到着
　御巡行の行列が御旅所に到着すると，神饌が供えられ，御旅所到着の神事が行われる。

（3）町組の行事：曳き揃えと町内曳行・曳き別れ
　神社の行事と並行して，以下のような町組の行事が行われる。
　①屋台曳き揃え
　②屋台町内曳行
　③曳き別れ
　屋台は御旅所の南，広場前に全屋台が曳き揃えられる。神幸行列の出発に合わせて屋台曳行が始まる。屋台の先頭は神楽台，二番目は三番叟と決まっているが，以下は年ごとに変わる。所定の場所に並べられ，人々の鑑賞に供される。夕方神輿が御旅所に入ると，屋台も曳き別れとなり，それぞれの町の屋台倉にしまわれる。

町組と所有屋台

町組	所有屋台	備考（見送り等）
宮本	なし	神楽
殿町	青龍台	福禄寿の人形と鶴亀の舞，昇天龍
一之町上	三番叟	古川大火で大部分消失，踊人形のみ現存
一之町中	鳳凰台	鳳凰飛舞の図
一之町下	麒麟台	風神雷神図，日本武尊東征図
二之町上	三光台	素戔嗚尊八岐大蛇退治図，虎図
二之町中	金亀台	古代つづれ織，双龍の図，亀上浦島の図
二之町下	龍笛台	雲竜の図
三之町上	清曜台	八紘一宇，海浜老松の図
三之町下	白虎台	子供歌舞伎　見送りなし
栄町	なし	闘鶏楽
向町	神楽台	常に先頭

■屋台の種類

神楽台

金亀台

龍笛台

三光台

鳳凰台

麒麟台

青龍台

（4）起し太鼓

気多若宮神社の例祭の一部として4月19日夜から20日未明にかけて行われる行事。以下，『平成元年の古川祭』（古川町教育委員会，1991）を参考にし，説明する。

① 出立祭前

駅前通りに火がたかれ，半股引(はんももひき)に晒布巻(さらしぬのまき)の若者が気勢をあげて，付け太鼓をたたきながら町内回りに行く。臨時の街頭放送で「若松様」を流れ出すと，焚火の周りにいた裸男たちも気勢をあげる。太鼓のばちを持った太鼓打ちが，そして，付け太鼓が集団でやってくる。

焚火の様子

付け太鼓

② 出立祭（修祓祭）

開式の言葉の後，宮司が進み出て，お祓いの祝詞をあげる。櫓，総司，関係者，消防団，来賓を祓う。次いで玉串奉奠(たまぐしほうてん)となる。玉串奉奠が終わると宮司が御神酒徳利にふたをし，短い祝詞と警ひつがあり終了となる。

出立祭

③ 打ち出し

数人が櫓(やぐら)にのぼり，供物をさげる。櫓の四隅の榊や周囲にかけられていたしめ縄，垂れ幕が取り払われる。総司のあいさつのあと，太鼓打2人が太鼓にまたがる。袋状にした晒布に足をかけ，太鼓の上で縛って固定する。2人は別の晒布を腹に回して背中で縛る。横打（横から太鼓を打つ人）

ものぼる。櫓上の本衛（櫓の上でちょうちんをふり櫓の進行方向を指示する人）も全員，神紋と主事を書いた弓張提灯を持ってのぼる。

④ 起し太鼓の行列

提灯の行列は出立祭より前に整えられる。紅白の丸小提灯を受け取った人々が道路いっぱいに列をつくる。太鼓が打ち出されると，行列は進行順路に従って進む。

打ち出し

起こし太鼓の行列

⑤ 打ち止め

打ち出しから数時間後，櫓はゆっくりと速度を落とし，古川郵便局前に止まる。最後の一打が響いて打ち止めとなる。

4.3.4 祭のごちそう

古川祭の3つの行事，神社の行事，町組の行事，起し太鼓の行事の表舞台に登場するのはもっぱら男性であり，女性の姿はあまりみない。かつて，古川祭の期間は無礼講とされ，道行く人だれにでも，酒やごちそうが振舞われた。女性たちはこうしたごちそうの準備をするのである。

お赤飯

山菜

4.4 飛騨の民話

　民話とは，民衆によって口伝えで伝承（口承）されてきた説話である。狭義には昔話と同じ意味であり，広義には伝説や世間話を含む。しかし，保存（保管）し，利用に供するためには，文字等での記録を行う形になる。

　飛騨の民話の語り部，故種蔵泰一氏は，岐阜県高山市の生涯学習発展のための活動や飛騨民俗村（飛騨の里）で来館者に民話を口承され，飛騨の歴史や伝統文化の継承に大きな功績をのこされた。

　デジタルアーカイブでは，飛騨の語り部による口承の様子を伝えるため，単なる文字記録とその冊子化ではなく，飛騨民俗村（飛騨の里）で，実際に民話を語られる様子を動画および静止画で記録した。さらに，種蔵氏自身に各民話の歴史的背景等についての解説をしていただき，民話と共に記録した。

　デジタルアーカイブの際は，資料の記録のみでなく，併せて，資料の歴史的背景等を関係者に語っていただき，記録するという配慮も必要である。

飛騨の語り部　故種蔵泰一氏

民話「みそかいばし」のもとになった筏橋

飛騨の語り部：故・種蔵泰一氏による民話の記録

題名	みそかいばし（味噌買い橋）	時間	5分20秒
炭焼き長吉は真面目で正直者でした。そんな長吉に，ある夜，枕元に立ったお坊さんが，「高山のみそかいばしに行けば，良い話が聞ける」と話します。長吉が，お坊さんの言葉通り，来る日も来る日もみそかいばしに立ち続けていると……			
題名	さんぷくじとうげのきつね（三福寺峠のキツネ）	時間	6分38秒
三福寺村の伝吉は峠のキツネが村の人々を化かす話を聞き，退治してやる，と勇んで峠に行きました。しばらくして現れた侍を棒で殴りつけた伝吉でしたが，それが本物の侍・遠山様だと聞かされ，さぁびっくり。通りがかりの和尚に助けられ，戒めに髪を切られた伝吉でしたが……			
題名	ふたつばぐり（二ツ葉栗）	時間	12分40秒
牧ヶ洞のげんじは横着者でしたが，庄屋のとくべえさんから白山の地獄谷で死にかけた自分の話を聞き，改心します。そんなげんじも病に倒れ，「来年，庭の栗の木が二ツ葉になっていたら，天国に行ったと思って下さい」と言いのこして亡くなりました。次の年，村人たちが栗の木を見に行くと…… ＊「まきのげんじ」と同主題であるがエピソードが異なる			

題名	こんごういんときつね　（金剛院とキツネ）	時間	3分57秒

下江名子に金剛院という修験者がいました。金剛院は，山伏となって帰ってくる途中，見つけた子キツネを親キツネの前で，笑いながら谷底に落としたことがありました。そんな金剛院が，山伏の大集会で痛い目に遭い，命からがら逃げ帰ると……

題名	げんこうじのきつね	時間	9分23秒

和尚さんは子キツネを拾いました。お寺で飼われた子キツネは，可愛く，村の衆の評判になりました。ある日，別院のご輪番さんが来ました。けれども，皆でもてなしている間に，ご輪番さんは子キツネと共にいなくなってしまいました。心配する村の衆をよそに「そういうことか！　良かった良かった」と微笑む和尚さんの話したことは……

題名	まきのげんじ	時間	16分6秒

牧ヶ洞のげんじは横着者でしたが，庄屋のとくべえさんから白山の地獄谷で死にかけた自分の話を聞き，改心します。そんなげんじも病に倒れ，「来年，庭の栗の木が二ツ葉になっていたら，天国に行ったと思って下さい」と言いのこして亡くなりました。次の年，村人たちが栗の木を見に行くと……
　＊「二ツ葉栗」と同主題であるがエピソードが異なる

4.5　沖縄のわらべ歌

　沖縄県内の各地域で歌われ継承されてきたわらべ歌は，詩，曲，リズム，所作のほか，社会的・自然的な背景も含めた教材であり，次世代に残すべき文化である。ここでは，デジタルアーカイブの手法を用いたわらべ歌の音声・映像による記録と関連資料を組み合わせた伝統・文化の教材化について示す。

　伝統・文化の教育は，一般的に実地体験，体験学習が重要視されている。しかし，これまで印刷物（テキスト，教科書，資料集など）の利用が主であり，わらべ歌についても，楽譜や歌詞カードなどの印刷物（印刷メディア）として記録がされている。

　しかし，本来，わらべ歌は，所作を伴う歌という音声や映像が重要であり，印刷メディアの記録のみでは伝承することが困難であり，デジタルアーカイブでの記録・保存が必要となる。

■紙として記録できるもの
　①歌の歌詞
　②歌の楽譜
　③歌に関する歴史・背景（地域の様子）
■デジタルアーカイブとして記録できるもの（紙として記録できるものを含む）
　①歌の歌詞（うちなー口と訳の説明）
　②歌の楽譜
　③歌に関する歴史・背景（地域の様子）
　④音声記録
　⑤映像記録
　⑥歌に出てくる小道具（まり等）
　⑦歌についてのお話

「いっちくたっちく」(所作を伴うわらべ歌)

「まりつき」(所作を伴うわらべ歌)

わらべ歌に出てくる対象物　風車「花ぬかじまやー」

　沖縄のわらべ歌デジタルアーカイブでは，わらべ歌「花ぬかじまやー」に登場するアダンの葉で作った風車について，風車の作り方の記録も行った。

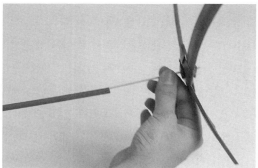

風車の作り方

■引用文献
1：古川町教育委員会編『平成元年の古川祭』古川町教育委員会，1991，p.90．
2：同上，p.91．

■参考文献
加藤健司編・解説『写真譜・飛騨高山，古川祭』桜楓社，1987．
「角川日本地名大辞典」編纂委員会編『角川日本地名大辞典21 岐阜県』角川書店，1980．
岐阜県教育委員会編『岐阜県文化財図録』岐阜県教育委員会，1999．
岐阜県古川町編『飛騨古川』古川町，1934．
岐阜県文化財保護協会編『岐阜県の文化財』岐阜県文化財保護協会，1988．
土田吉左衛門ほか編『飛騨の神社』飛騨神職会，1988．
古川町観光協会監修『古川祭・起し太鼓：飛騨古川，ヤンチャ男の心意気』まんだら舎出版部，1984．
古川町教育委員会編『平成元年の古川祭』古川町教育委員会，1991．
『岐阜県の地名』（日本歴史地名大系）平凡社，1989．
『増補 岐阜懸案内』岐阜県郷土資料研究協議会，1986．
飛騨市公式観光サイト「飛騨の旅」 https://www.hida-kankou.jp

■協力
飛騨市教育委員会
古川祭保存会
古川町の皆様

■利用事例
記録・収集した資料は教育分野・観光分野で活用されている。
　観光・学習パンフレット『飛騨おうらい』（日本語・英語・タイ語）
　教材『デジタル・アーカイブ学習用素材Ⅱ』
　「岐阜女子大学デジタルミュージアム」 http://dac.gijodai.jp/

第5章　地域のオーラルヒストリー

　本章で事例として取り上げた戦中・戦後の子どものオーラルヒストリーをはじめ，地域のオーラルヒストリーは，公的な文書とは異なる視点で，その地域の人々の生の声や記憶を記録することができる。ただし，そのためには，生の声や記憶といったデリケートな内容を話していただく話者との信頼関係はもちろん，関係する資料の収集とその記録，さらには多角的な視点により必要資料を選定，保存し，利用に供するというプロセスを踏むことが重要である。また，個人情報やプライバシー等にも留意しなければならない。
　このようなデジタルアーカイブに取り組むためには，次のような留意点が挙げられる。
　①話者の表情の記録と音声の明瞭性
　オーラルヒストリーのデジタルアーカイブの特徴は，（デジタル化により）話者の表情と声（音声）記録ができることである。そのため，表情と音声の正確な撮影記録が重視される。
　②差別用語や公表できない話の対処
　オーラルヒストリーの中には，話者が当時の話をするとき，現在では差別用語とされている言葉を使うことがある。また，現在，公表すると問題が生じる話やその他さまざまな支障を来たす話もある。これらは，記録時に，記録の可否を検討するのではなく，まずは話者が話しやすいように，ありのままをすべて記録する。記録した内容は，長期保管（扱い）とし，その中から選定評価して，公開可能なオーラルヒストリーとして構成すべきである。
　③選定評価項目を用いた全体の検討
　オーラルヒストリーには，前記②の他，話の内容により検討が必要なことが多い。そのため，著作権，プライバシーはもちろん，その他に，選定評価項目（第10章参照）等により，長期・短期保管の扱いを含め，検討する必要がある。

5.1 仲本實氏による「戦中・戦後の子どものオーラルヒストリー」

　幼少期に沖縄戦を体験した仲本實氏に当時の状況や心境，生活，学業について話していただき，その様子を動画で記録した。また，生活していた家の跡や隠れていた洞窟（ガマ）などへ赴いて現地で語っていただき，現在の状況についても動画と静止画で記録した。その他，話中に出てくる当時の様子を知る手掛かりとして，沖縄県公文書館の戦中・戦後の写真データベースを活用することとし，仲本氏とともに訪問して画像検索を行い，写真データを入手した。

「戦中・戦後の子どものオーラルヒストリー」

　このように，デジタルアーカイブとしてのオーラルヒストリーは，後世に残したい事柄について多角的に資料を収集し，話（口述記録）を中心にそれらの関連資料を整理して提示するとよい。

（1）Web ページ「戦中・戦後の子どものオーラルヒストリー」の作成
　左側にメニューを配置し，右側には動画メニュー，動画，文字起こしテキスト，関連資料等を提示した。

▲写真の項目部分には，その動画に関連した画像資料を提示

動画教材イメージ▲

仲本氏のオーラルヒストリー撮影機材と部屋の様子

仲本氏のオーラルヒストリー撮影の様子

▲現地で当時の様子を話される仲本氏

クラシンガマの自然洞窟（空襲時には自然洞窟などに親戚や知り合いとともに身をひそめていた）▲

（2）仲本氏のオーラルヒストリーをもとにした当時の食生活の再現

　仲本氏のお話のなかで，戦中・戦後の食糧事情について注目し，ソテツから澱粉を得る方法を再現していただいた。当時は食糧不足であったため，沖縄県内に生育している野生のソテツも食糧としていた。しかし，ソテツには毒があるため，食すためには丁寧な毒抜き処理を行う必要があった。

▲ソテツの皮を剥ぎ擦り下ろす工程

▲ソテツの毒を抜き，絞りカスを団子状にしたもの

ソテツの毒を抜き，取り出した澱粉▲

（3）オーラルヒストリーの文字起こし

　オーラルヒストリーのデジタルアーカイブは，話の様子を記録した動画や静止画，話に登場するさまざまな事項に関係する資料等を多角的に収集し，構成していく必要がある。そして，もっとも重要なものは，話（口述記録）である。そのため，話はICレコーダー等で音声記録を行い，文字に起こし，話者や場合によっては関係者に確認をしながら，まとめていかなければならない。

　なお，本書で紹介するオーラルヒストリーは話の記録であるため，文字起こしを読んでも，意味がつかみ難い箇所がある。しかし，生の証言（記録）としては，編集を加えず提供することも重視される。そのため，デジタルアーカイブでは，文字起こしのほか，どのような資料を提供するか，検討が必要である。

2011年6月26日記録（抜粋）

■カンカラ三線について

　三線が中国から沖縄に伝えられたのは1300年ごろです。中国の王様の使いの冊封使たちが弾いていました。城の中では非常に荘厳な，静かな奥の深い曲ができてきます。ところが百姓のところに行きますと，もっと曲が活発なんです。いつも仕事していますから。そうすると活発な歌が生まれてきます。すると，王様のところでやっている歌と百姓のところでやっている歌が，全く違ってきました。王様のところは，ゆったりとして歌っていますが，百姓のところは早弾きとかね，そういうのを歌っているんです。このように三線で弾かれる曲は，段々と地方に広まるにつれて，しっかり・どっしりした深い感じの曲から，軽快なリズムの曲へ変化していきました。

　戦前頃になると，三線はかなり広く浸透していました。レとラの音がない（例外あり）琉球音階（五音音階）が生まれました。この音階は沖縄の人の体に染み込んでいきました。こういったのがずっと広まっていって，沖縄の人たちの心の中に入っているんですね。そういう風にして沖縄の人たちは沖縄の歌，あるいは三線というものについては本当に血となり肉となっておったんです。

　そういった時に先ほど申し上げました，戦争で何にもなくなった時に，あるいはうんと寂しくなった時に，あとはうんと打ちひしがれた時に，やっぱり音楽で心温まりました。それが，要するにカンカラ三線だったわけですね。

■子どもの仕事について

　ほとんどの子，女の子が多かったようですが，こういう風（デジタルアーカイブでは，子どもをおんぶしている当時の女の子たちの写真を付加している）に子どもをおんぶしている。

　要するに子守ですね。あと，薪を集めたり，色々な仕事をしていました。

　それから，私たちは「特攻」と言っていたのですが，トイレを片付ける仕事があったんです。当時は，私たちの集落ではドラム缶を4本から5本を埋めて，その上に板を置いて

トイレにしていました。ところがこれは，雨水も入ったりして，貯まるのが案外早いんですね。これを片付けるのが子どもの仕事でした。毎日同じ人がやるのではなくて，当番制でやっていました。「特攻」という名前の由来は，最初は臭いからタオルか何かで鼻を覆って担いでいく訳です。そうすると，その辺にいる子が「臭い」といって

オーラルヒストリーの様子

逃げていく。それが，我々が特攻隊に行くような感じがしたので，特攻と言っていました。それを村はずれの「タードーシ」という田んぼの土をあげて畑にしているところに穴が掘ってあって，（その穴に）それをこぼしていた。この特攻の仕事はいやいやながらにやっていました。このように，当時の子どもの大きな仕事といえば，薪集めだとか，トイレ運び，子守でした。

■山中及び収容所での生活について（石川収容所）

　石川収容所，正確には石川難民収容所に私は行く訳ですけれども，そこには沖縄各地から人が集まってきます。お年寄りの言葉の違いが一番珍しかったのですが，これによって例えば糸満の人がおったり，特に面白いと思ったのが津堅あたりの言葉とヤンバルの言葉ですね。お年寄りの言う言葉で，わからないものがたくさんありました。集められ方も，鉄砲突きつけられて集められたり，怪我をして捕虜になって来たり，僕らみたいに自分で出てきたり，いろんな方法で石川に出るんです。僕は自分で出て行ったんですが，村にいた40～50名が，山の中にいると危ないから石川に行こう，ということで石川と連絡を取って，トラックが来てそれに乗って行くわけです。ちょうど読谷飛行場，あっちは北飛行場といったんですが，そこから黒い煙が上がっているんですよ。そして，石川に着いたら，実は夕べ特攻隊が来て北飛行場を爆撃したという話がありました。これはずっと後になってインターネットで調べてみたら，昭和20年の5月24日の午後10時半だそうです。そうすると，私が山から出たのは，5月25日ということになりますね。

■家族について（母親との再会）

　集団登校で私が一番忘れられないのは，集団登校する前にみんなが集まるまで僕は机を置いて，待っているんですね。そしたらある上級生がこの（机の）上に座っているわけです。これは上（天板）はボードで作ってあるわけですから，座るとポキっと折れるわけです。折れたから（仲本氏が）すごく怒りましてね，喧嘩を仕掛けたんですよ。（略）ところが，向こうは馬鹿にしているわけです。大きさ（体格）が違うわけですから。そして僕の手をつかんだんですね。（略：仲本氏が相手にケガをさせてしまった）そして彼（上級生）は泣いて家に帰ったんです。僕は机を担いで，逃げるところもないから学校にいたんです。そして，いつ先生に呼ばれるだろうと思いながら午前中をすごしていたんです。

案の定，みんなを帰した後（先生から），仲本お前待っとけ，と言われて待たされました。それでうんと油を搾られました。当時の先生はすごかったですよ。まず左手であごを摑まれるわけですよ。歯をくいしばれ，といってバシーンと右手でビンタをやる。そうすると向こうにひっくり返っていく。立て，と言って今度は右手であごを摑まえて左手でビンタ。そうすると今度はあっち（さっきと反対方向）にひっくり返っていくんですよね。当時は軍隊帰りですから，軍隊の思想が残っている。まあ，そんな風に何回かやられまして，それでも不思議なことに私は泣いた覚えはないんですよ。先生は，君座っとけ，と言って職員室に帰って行きました。それ膝まづけして座っておったんですが，（先生は）いつまで経っても来ないんですよ。それで，どうしようかなと思っていながらそれでも座っていた。すると，テントの巻かれているのが下ろされているものだから，暗くなってるんですよ。外も段々暗くなっていく。（テントの）入り口だけは開いている。そうすると，そこから顔を出した人がいるんですよ。それが，うちのおふくろなんですよ。しかも，これが山で別れたきり会ったことがないおふくろだった。その時に初めてワァーと泣いた。それまでは涙一滴流さなかった。人というものは，強い時と弱い時があるなぁということで，そんな事件を起こしたことがあります。そして面白いことに母は漢那という集落にいたんですが，そこは一般の人たちは車の乗り降りができないのですが，石川に息子がいるから，と憲兵隊に頼んでわざわざその日に来ているんですよ。だから，親子の縁というのは大変なものですね。私が乱暴したとかそういうことは向こう（母）は離れているから知らないわけです。親子の縁は大事にしなきゃいけないな，と思いました。

第6章　地域の伝統・文化遺産

　本章で事例として取り上げる白川郷合掌造り集落のような地域の伝統・文化遺産は，文化財指定を受けているものも多いが，指定の有無にかかわらず，現在でも，地域の人々の生活のなかに息づいていることが特徴である。そのため，文化遺産と人々の生活とは切り離して考えられない場合が多い。
　このようなデジタルアーカイブに取り組むためには，次のような留意点が挙げられる。
①歴史的背景に配慮した撮影記録
　地域の伝統・文化遺産には数百年以上の古い歴史をもつものも多い。そのため，これらの歴史的背景と現在までの変遷を調査し，よく理解した上で，資料収集や撮影記録をすべきである。現在残されている伝統・文化遺産の建造物の写真を一枚のみ撮影記録すればよいのではなく，関連資料と併せての撮影記録が重要である。
②集合保管形式の記録
　①でも記したが，地域の伝統・文化遺産は，一般的に，一つの文化財等にいくつかの関連する資料があり，それぞれ，（その伝統・文化遺産にとって）重要な情報となる場合が多い。そのため，デジタルアーカイブの際には，例えば，次のように一つの資料に対して，多様な情報を加えて保管する必要がある。

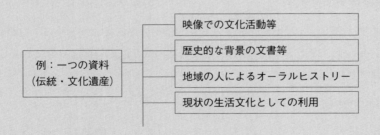

6.1　白川郷合掌造り集落（岐阜県大野郡白川村）：結の精神が支える文化

　地域のデジタルアーカイブに取り組むときは，それぞれの地域の特色を見いだすことが必要である。

　例えば，白川郷合掌造り集落は，昔から「結」の精神・文化を大切にしている。「結」とは，家々の私的な関係において行われる共同労働の一つであり，互いに労力を提供して助け合う制度である。白川郷では，合掌造り家屋の屋根葺きを「結」により行ってきた。現在も，「白川郷荻町集落の自然環境を守る会」では結による屋根葺きを継承すべき大切な取り組みとしている。

　デジタルアーカイブは，単にその地域の状況をデジタル化し記録するのではなく，そこに流れている地域の文化をいかに見いだしその生活文化を次世代に伝えるか，また，その生活を守ろうとしている地域の人々の姿をいかに伝えていくかが重要である。

白川郷合掌造り集落

結により行う屋根葺き

6.1.1　白川郷合掌造り集落

　岐阜県の西北部，富山県と石川県の県境にあり，庄川の源流部に位置する。「白川郷・五箇山の合掌造り集落」として，1995（平成7）年12月9日に富山県五箇山の菅沼・相倉とともにユネスコの世界遺産に登録された。

6.1.2　どぶろく祭り

　白川八幡神社をはじめ各地区の神社で五穀豊穣や家内安全などを祈願する。村人総出で盛大に繰り広げられるこの祭りの創建は，約1300年前の和銅年間（708～714年）にさかのぼると伝えられている。

　五色旗が合掌造りの屋並を縫う御神幸行列，古式豊かな神事，獅子舞（県指定無形文化財），歴史と民話にまつわる民謡（県指定無形文化財）などがある。古より伝えられた祖先の遺産である。各地区によって，獅子舞（百足獅子）の獅子頭や演目，民謡踊りが異なる。村廻り（地区内への御

6.1.4 春駒踊り

　七福神と舞子の扮装をして踊る祝い踊り。春を告げる使者として，正月に合掌集落内の民宿や飲食・土産店などを順に練り歩く。訪ねた先の家々では使者たちにご祝儀や酒をふるまうのが習わし。演目は春駒・銭大黒・きり大黒・七福神のまくら踊り・鯛釣り・俵ころがしの6種類。囃し手は，三味線・太鼓・四ツ竹・せんば・歌い手。

　元来2月の初午に家々を廻り，豊蚕を願う蚕飼祭りであったが，近年は例祭，結婚式などの祝事に披露されている。

舞子（和田家）　　　　　　　　　　七福神（和田家）

6.1.5 合掌造り

　荻町集落は周囲の環境と一体をなして歴史的風致を形成する伝統的建造物群としても価値が高い。代表的な建造物には，国重要文化財和田家住宅（主屋・土蔵・便所小屋），県指定重要文化財和田家板蔵・稲架小屋，県指定重要文化財明善寺庫裡・鐘楼門等が挙げられる。

　伝統的建造物と環境物件の他，保存地区内の水田，畑，旧道，山林を適切に保存するため，保存事業や活動を行っている。

和田家　　　　　　　　　　　　　　和田家　オエ

和田家　ナイジンとデイ

和田家　屋根裏

和田家　稲架小屋

和田家　板蔵

合掌集落全景

合掌集落全景

合掌集落全景（冬）

合掌集落全景（冬・ライトアップ）

講演（岐阜女子大学文化情報研究センター・2007年実施）
「世界遺産　白川郷合掌造りの里に見る伝統文化」

白川郷和田家　当主　和田正人 氏

　「結」を中心とした合掌造りについて，お話しをします。
　白川郷には，人が住んでいる場所が世界遺産でもあるという特徴があります。この「人が住んでいる」ということに関わりますが，世界遺産を守るにあたってのキーワードは「人」だと思います。それは，人と人との結び付きであったり，人づくりといえます。

和田正人氏

　その意味で，結は非常に大きな役割を果たしています。
　結というのは簡単にいうと，労働力をお互いに貸し借りする制度です。手伝いに行ったからお金をもらうのではなく，お互いさまで物事を行う制度です。昔，機械化が進んでいなかったころの農業では，田植えや稲刈り等の時期には必ず結で，みんなの力で労働を行っていました。「結＝村人同士の結び付き」だと思います。現在も，結により行う合掌造りの屋根葺きだけではなく，いろいろなところに村人同士の結び付きが残っています。
　その一例ですが，荻町地区のなかでは，全部で7つの組があります。いわゆる町内会と思ってください。その各組ごとに毎月，組寄り合いが開かれます。さらに，村にはいくつかの区があり，その区の代表である区長さんが集まる会が月に1回あります。その区長会のときに，区長さんは，役場からの伝達事項を聞いて各組に戻り，今度は各組の代表者である伍長さんを集めて伍長会を開きます。そこで，区長さんが伝達事項を伍長さんに伝えます。すると次の日，今度は伍長さんが自分の組に戻って，組の仲間を集めた組寄り合いを開きます。役場 → 区長（各区）→ 伍長（各組）の繋がりという住民のコミュニティー

がいまでも残っている場所です。

　冠婚葬祭，とくにお葬式は組の力がないとやっていけません。組のなかで，どなたかがお亡くなりになったとき，葬式の仕切りは親せきの方なりがされますが，実質的なお手伝いは，その組の仲間がやります。

　例えば，お通夜のときに，夜10時過ぎぐらいになると，うどんを出します。そのうどんは女性会の人がみんなでつくって配ります。お葬式が終わったあとのちょっとした会食の準備も女性会の人が行います。男性陣は，お葬式の式壇の準備等をします。また，組の仲間が，葬儀場の鍵を役場から借り，霊きゅう車を運転し，葬儀場で火葬し，お骨拾いが終わったあとに残った遺骨を掃除するところまで行います。

　そういう人と人とのつながりがあるからこそ，いまがあるというのが白川郷です。村のきずなの強いところです。

　それでは，話を屋根葺きへ戻したいと思います。

　結により行う屋根葺きには，大きく二つの良さがあると私は考えています。

　一つ目は技術の伝承です。屋根葺きをするときには，年配の方，つまりいくつもの屋根葺きを経験し技術を身に付けた，葺き師と呼ばれる方がおみえになります。屋根葺きを行うときには，その葺き師さんに付いて，若者がどんどん屋根へ上がり，やり方を習っていきます。

　また葺き師さんも，「あそこの家は，たしか合掌だったし，ちょっとそろそろ技術を身に付けさせなきゃいけないから」と，若者を名指しで呼びます。「誰々，ちょっと上がってこい」と言って。そして，二人でペアを組み，縄の結び方やねその縛り方を伝授していきます。その体験を通して，若者が屋根葺きの技術を身に付けていくという良さがあります。

　二つ目は，やはり村人同士の心のきずなだと思います。屋根葺きは，合掌造りに住む人同士にとっては労働力の貸し借りになります。けれども実際には，もう合掌屋根を下ろしてしまい，普通の屋根の家屋に住んでいる方もたくさん手を貸してくれます。そういう方もお手伝いに来てくださるのが，結です。

　合掌造りをもっている側からすると，同じ合掌造りをもっている人には非常に頼みやすいです。けれども，そうでない方に声をかけるというのは，どこか心苦しさがあります。なぜかというと，お返しする場がないからです。でも，実際に声をかけると，本当に快くお手伝いに来てくださる方がほとんどです。逆に，「声をかけてくれないと寂しい」とまで言ってくださる方がいらっしゃいます。

　それはなぜかというと，合掌造りを，自分の家ではなくとも村の宝と思う心があるのだと思います。また，「昔は合掌造りだったけども，いろんな理由があって，もう合掌屋根を下ろしてしまった。けれども，まだ合掌造りを守っている家があるから，いまの白川がある。だから，みんなの宝として守らなければいけない」という思いで手伝いに来てくだ

さる方もいっぱいいらっしゃいます。

そういうなかで屋根葺きを体験すると，合掌造りをもっている者としては，本当に感謝の気持ちでいっぱいになります。「だからこそ合掌造りをしっかり守っていかなければいけない」という思いが強くなります。そういう思いにさせてくれることが，やはり結という制度の素晴らしさだと思っています。

最後に，世界遺産と結との関わりの話で締めさせていただきます。

平成7年に，白川郷，そして五箇山が世界遺産に登録されました。そのころに，アジアの木造民家で世界遺産に登録されたところは多分なかったと思います。なぜかというと，世界遺産の条件にオーセンティシティといって，「歴史的に本物であること」という条件があるからです。ヨーロッパの石積みの建物，これは何百年たってもそのまま建ち続けています。だから歴史的に本物であるといえます。けれどもアジアの木造民家は，60年，70年たてば腐って朽ち果ててしまう。それを世界遺産として，歴史的に本物であるといえるだろうかということです。

白川郷の合掌造りも，歴史的にみると，合掌屋根の茅（カヤ）の材料は40年で替わってしまいます。けれども結という制度があり，屋根葺きの技術は若者に伝承されていきます。だから，いつまででも，同じ葺き方，同じ形で合掌造りを保存できます。「合掌造りは，その家の人だけでなく，村人総出で守っていきます」という話をユネスコにしました。

そのことが高い評価を受けて，世界遺産への登録につながる要因となったと聞き及んでおります。その意味からも，結という制度は，残していかなければいけないと心に強く留めております。

現在も，結による屋根葺きは行われています。それとは別に，業者委託によって，3～4週間かけて行う屋根葺きもあります。また，その中間的なものとして，ある程度は業者委託で屋根を葺き，残り3分の2ぐらいを村人総出で行うこともあります。これを「現代結」と呼んでいます。

このように，村人みんなが何らかのかたちで屋根葺きにかかわることを現在も大切にしていますし，これからもそうしなければいけないと思っています。

以上をもちまして話を終わらせていただきます。ありがとうございました。

■**参考文献**
白川郷荻町集落の自然環境を守る会『ねそ』平成29年2月号
白川村史編さん委員会編『新編白川村史（上巻・中巻・下巻）』白川村，1998.
白川村教育委員会編『白川村の文化財』白川村教育委員会，1984.

第7章　博物館（野外博物館）・図書館

　本章で事例として取り上げる博物館（野外博物館）や図書館は，貴重な資料の保存，利用のみでなく，地域の生涯学習活動や観光等の拠点としても期待される施設である。実際に，地域資料コーナーの設置や地域の教育活動の支援等に力を入れている施設も多い。また，資料のデジタルアーカイブ化等にも取り組んでおり，今後，ますます，デジタルアーカイブの観点での資料保存，利用の検討が必要となり，どのように保存，利用に供するかの検討が必要とされる。
　このようなデジタルアーカイブに取り組むためには，次のような留意点が挙げられる。
　①所蔵資料の正確な撮影記録
　博物館や図書館では，地域の人々からの寄贈や寄託等，さまざまな収集方法で資料が集まる。そのため，撮影記録の際には，資料の現状を正確に残すことができるよう，例えば，資料を多視点から撮影する等，撮影方法の検討も必要である。
　②展示等の撮影記録
　博物館や図書館が行う展示には，一つのストーリー性があり，特に，地域に関わりのある展示のデジタルアーカイブは，地域資料としての価値があり，地域の歴史記録としてどのように撮影記録するかを考える必要がある。
　③地域の人々の作品等のデジタルアーカイブ化
　地域の人々の作品や集められた品々をデジタルアーカイブ化し，許可を得て公開することを検討する（地域との連携に繋がる）。
　④オーラルヒストリー（地域の資料について）
　地域の資料についての専門家の話をオーラルヒストリーのデジタルアーカイブとして記録することは，それこそが地域資料となり得るため，積極的に取り組む必要がある。

7.1 地域の博物館のデジタルアーカイブ

7.1.1 琉球村:展示資料解説としてのオーラルヒストリーの活用

沖縄の文化・芸能などを見て体感できる施設。村内の家屋群は国の登録文化財（有形・建造物）であり，水牛による昔ながらの製糖作業なども見ることができる。

シーサー（魔除けの獅子像のこと。火伏，悪霊返しを目的として，門前・城門・陵墓や村落の出入口などに据え置かれる。明治以降は瓦葺き建築の普及により屋根に据える習慣が浸透していった）

▲ヒンプン（石）

石敢當（中国起源の除災招福の石柱。T字路の突き当りなどに据えられる）▲

博物館の展示資料について，学芸員の説明以外にも，地域の人々やその内容について詳しい人々等の話を記録し，保存，活用に供することは，あるモノの歴史的背景を伝えるのみでなく，モノに関わる人の記憶の記録という点からも重視される。

以下は，仲本氏の琉球村の展示資料のなかで住居に関するオーラルヒストリーの抜粋である。このような記録は，展示資料の解説としてはもちろん，住居学の研究等にも活用が期待できる。

2016年5月3日記録（抜粋）

　これが島袋家といって，これも同じですね。ここに一番座があって，二番座があって三番座が台所という感じですね。これもやっぱり，この辺に柱が立って，雨端柱（雨端柱は，家の軒先に設置された屋根を支えるための柱）と言います。要するに部屋から眺めて邪魔にならないようにこう建ててあるんですね。

旧島袋家（琉球村）

　そしてですね，この見取り図かいてみました。あまり正確ではないんですが，見取り図，大体昔の瓦葺きの家，この形です。大体，これがね，六畳とか四畳半，ここのお家は，島袋家の家は六畳と四畳半になっていましたけれども，大体これの違いで，ほとんどの家が同じような格好です。そしてここ（一番座の右斜め前方あたり）に離れがある，ということね。そしてね，風水上，風水というのがありますよね。風水。

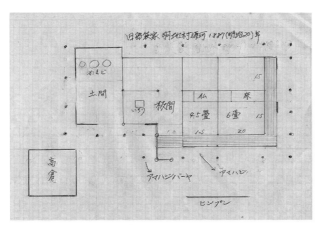

旧島袋家見取り図

　要するに家の向きによってほら，凶とか吉とかありますね。中国からきたようなあれだと思いますが。そしてこれがね，こちらが大体東南の方（図右下），東南の。こちらは，北西の方（図左上）。北西の方は風水が悪いんですよ。東南の方は風水がいいんです。だからここ（東南側）に離れをつくったり，一番座を作ったりする。で，ここ（西側）には，竈があって，あっち側（北西側）には大体ですね，動物小屋があるんですよ。動物小屋があったりトイレがある。トイレと豚小屋，豚小屋があるんですね。これは，要するに，一番風水の悪いところにつくる。これが大体。そしてね，この廊下で囲うんですね。そして裏座があるんですよ。裏座。裏に部屋があって。一番座は床の間です，大体。それから二

番座はですね，仏間です。仏壇がそこにある。そうするとこの仏壇の前にヒンプンというのが，要するに顔隠し。このヒンプンね。ヒンプンがあるんですね。そして（屋敷の）裏の方は，みんなやっぱり，あれになっています，部屋になっていますが，隠れ部屋です。例えば，女性なんか，危ないですから裏に寝かす。裏に寝かす。それから，産室にもそこを使う。要するに，お産をしたり病気をしたりするときは，ここ（裏座）を使うんです。要するに，人に見られないようにね，裏の方につくっていきます。まあこんなことで，大体これがね，要するに六畳になったら，これが，ここ（二番座）も六畳になったら，もう少しこれ（二番座と三番座の境界）がこっち側（西側）にいくわけですね。これの違い。それからこっち（裏座の奥行）も今，１間半としてありますけれども，これが１間の場合もあるしね。要するにそれだけの違いで，それから，竈はどこの家でも土間になってます。土間になっておってね。それから囲炉裏もあります。囲炉裏がね。

　はい，これがね，ちょっと順序がちょっと違いましたけれども，要するに，家があって屋根のこう，あれがありますね。丸太がこうくるんですが，このこれがね，作ってあるんですが，ここ（大桁と垂木）の間，ここの間はね，風が通るようになってるんですよ。庇と本家の間。これは天井の空気の流通ですね，これをよくするためにやってるんです。それからここ（屋根材）にもやっぱり竹を使ってる。要するにあの，これ（屋根）を作る時に，まず竹を敷くんです，棒を置いて，そして竹を敷くんですね。そしてそれの上に泥を乗っけるわけです。泥を乗っけて瓦を置くと。そうすると，ぱあっとこう，滑ってなくなるってことはないんですよ。と言いますのはね，この竹の間に泥がみんな入っちゃって。ま，こういった，そうしてここ穴が開いてる，こんな所に。これは屋根裏と通じるわけです。要するに天井は張られてますから，天井の上から屋根裏の方に風が入るようになってるんですね。ま，そういうふうな作り方です。

　それから，これはあの，本土もおんなじですね。釘を使っていませんね。全部この，つっかいで，方言で貫（ヌチ）と言いますけれども。貫（ヌチ）。この（楔を）パンパンパンパン叩くことによって，締まって，結局，こう家が造られていくっていうような，こういうふうなものがありますね。

　これは同じく島袋家の台所側です。ずーっと端っこの方ね。台所も割とこれ土間になってます。そして竈がある。そしてここに，要するにあの台所にあってここに囲炉裏があります。囲炉裏があるんですが。そしてここで特徴的なのはね，先ほど天井裏の風の流通っていうこと。

　これですこれ（屋根の空気穴）。よく皆さんシーサーは気が付くけれども，これは気が付かんと思います。空気抜き，空気抜きがあるんですね。

　はい，そして台所はこうです。台所はこういうふうに格子戸になっていまして，煙が出るようにもなってるし，それからですね，ここまで（三番座と台所の境），天井が張ってあるのは，ここまでここまでなんですよ。天井張ってあるのは。ここ（台所）は天井張っ

旧島袋家のクーキミー（空気穴）　　　　　　　　旧島袋家　竈

てないんです。これはね，だから，要するに竈であっためた空気とか煙とかはみんな天井裏に行ってるわけです。天井裏にね。だから天井裏というのは風，いつも何かの何らかの形で空気が動いてる，ということになりますね。それから竈は，これもきれいな竈になりましたね。これ，我々は改良釜なんて言ってましたが，私の住んでるヌン殿内（ドゥンチ）でもこんな改良釜はなかったです。やっぱり，石でした。三つの石を置くんですよ。三つ。そして薪もこんな上等なの燃やさない。松林行ってね，あの松の葉っぱが落ちますよね。これを熊手でこう掃いてきて，これを松の葉っぱ枯れた葉っぱをこう燃やして，芋などを炊いっておったんです。ですから，竈から離れることはできないですね，火を燃やしてしまうと。そして，上手下手があるんですよ。燃やし方の。下手がするともう煙いっぱいなんですね，煙いっぱいで。上手がすると，きれいに燃えるんですね。これが上手下手ありました。そして，私の住んでるヌン殿内（ドゥンチ）という所ですが，これもやっぱり石が三つでした。そして天井は吹き抜け。そしてこうした格子戸はありました。それからですね，この竈の上にいまちょっと何かさがっていますね。竈の上は，食料品，豆腐とかね，なんか餅とか，要するに腐れにくいんですよ，ここで乾燥させて。だからここの方は，竈の上はいろんな物がさがっていました。これではこれ一つだけがさがっていますけれどもね。私の家なんかだと，こっちにたくさんさがっていました。

7.1.2　野外博物館の役割とそれに沿った記録

　野外博物館とは，野外において建造物を展示し，保存している博物館である。実際に人々の生活が営まれていた建造物を移築する場合には，復元し，展示・保存を行っている。野外の展示のため，四季の移り変わりや周囲の景観とともに存在し，それによって，違った顔をみせることが特徴である。

　日本で最初の野外博物館は，1956（昭和31）年に開館した日本民家集落博物館（大阪府）である。その後，愛知県の博物館明治村，神奈川県の川崎市立日本民家園のように，文化財，文化遺産とし

ての価値を見いだされた建造物を数多く所蔵する博物館が，次々と開館した。

こうした野外博物館は，単なる歴史的建造物の展示や保存に留まらず，地域の生活文化や伝統文化，さらにはそこで暮らす人々の思い等を伝える役割をもつ。また，歴史的建造物の構造や生活の中での活用方法等にさまざまな先人の知恵が込められていること，また，その知恵を現在の人々に伝える活動を積極的に行っているところも多い。

こうした野外博物館がもつ役割は，地域文化のデジタルアーカイブの役割にも通じるところが多い。野外博物館のデジタルアーカイブによって，その地域の人々の暮らしや生活の知恵等を，建造物や行事の記録を丁寧に行うことで，記録し，利用に供することが必要である。

7.2　地域の図書館のデジタルアーカイブ

7.2.1　図書館と地域文化資料

日本の各自治体には図書館がほぼ設置してあり，特に地方の図書館では，その地域の文化的中心施設でもあったという歴史的経緯があり，自治体に歴史博物館を設置せず図書館がその地域の「資料館」としての機能を兼ねることがある。収蔵される資料は「博物館」「文書館」が収集対象にしている資料と重なる場合もあるが，独自の方針を定め，さまざまな歴史的・民俗学的資料等も収められている場合がある。

デジタルアーカイブは，これら資料の補完代替としての機能だけでなく，現在に至るまでのさまざまな情報なども記録し，情報を相互に共有することもできる。新しい意味でのアーカイブを構築することによって，文化的資料を保存するとともに，利用を促進する機能をももつ。

自館がもつさまざまな資料をどのように保存し，活用していくか，さらに資料のデジタル化と新しい意味での資料収集をどのように位置づけるか，検討し，進める必要がある。

特に地方の自治体においては，歴史的経緯や現状を踏まえると，博物館・文書館等の機能をもつ部署・機関と連携しながら，図書館が培ってきたさまざまな手法も利用し，新しい意味での資料収集や管理，デジタルアーカイブを進めることが適している。

ここでは，地域に残された文化的資料の保存について，事例を参考に紹介する。

7.2.2　古文書，古記録

公私の区別なく残された古文書や古記録は，その地域の歴史を証明する重要な史料となり得る。これらの史料は，図書館などに既に収集されているものも多いが，保存の際には，保存状況や修復，公開等の優先順位，利用目的などと共にデジタル化（デジタルアーカイブ）の方針を定める必要がある。

太政官日誌（第21　慶応4年）

　寺社に残る古文書・古記録のうち，重要な記録は，文化財指定を受けている場合が多いが，公共の施設に保存されていないこともある。また，これらの資料によって，寺社の歴史だけではなく，地域の経済・産業・歴史があきらかになることがある。しかし，劣化の危険性により，実物は容易に利用できないことも多い。デジタルアーカイブは，デジタルデータであることを生かし，これら重要な記録の幅広い利用に供することができる。

7.2.3　伝統行事

　一般に，村落の伝統行事は，寺院や神社に伝わる古い祭りや催しが当てはまることが多い。市街地では，戦後の団地等による新しい集団文化が対象となる場合や，村落での行事であっても時代の変遷が生じることもあるので，記録の趣旨によっては歴史的な背景等の事前調査や撮影日時の記録保存が重要となる場合もある。

　文化財指定を受けた場合は，各自治体に指定当時からの資料や歴史資料，関連資料が残されていることがある。特に重要とされる紙資料等のデジタル化（古文書や古記録など），現在の建造物や祭りの撮影からの視点でも記録し，その関係性を示すことができる。

　宗教儀式である祭りや信仰行事では，現在一般に知られているイベント行事が，その祭りそのものではないことがある。祭りが行われる場，構成する人々や事象，祭りの式次第，奉祝行事，変遷等にも留意して，収集対象を端的に示す情報を静止画，動画，インタビュー等によって記録する。

7.2.4 産業

産業のデジタルアーカイブでは，歴史や文化的な意味，現在の状況，技術，地域固有の名称，技法などにも留意する。

伝統工芸では，静止画等での記録と共に，製作過程を動画で撮影することも有効である。

現在はその産業に関わりがない企業であっても，継続企業，関連企業が存続している場合もある。その際，資料収集・利用には，関係企業・団体等との調整が必要である。

■例：山中和紙

例えば，和紙の原料となる楮は雪または川に晒すことによって自然漂白される。岐阜県飛騨市河合村の山中和紙は雪で晒し，岐阜県美濃市の美濃和紙は冬の川で晒した。こうした作業工程を動画で記録し，インタビュー等を行うことで，従来の文字情報だけでは伝えられなかった情報を保存することができる。

楮

雪上楮

7.2.5 生活，伝承

公的な歴史だけではなく，地域に残るさまざまな生活の歴史や伝承を記録することを目的として，

野麦峠標識

プライバシー，慣習等に配慮した上で，現在の生活文化についてのデジタルアーカイブを行うことが地域の生活の正確な記録につながる。特に，市民団体等のさまざまなグループによる活動等があれば，図書館との連携をした活動も望まれる。

例えば，岐阜県と長野県の間には日本アルプスの山々が連なるが，古来からいくつかの街道によって経済的・文化的往来があった。野麦峠は，飛騨と信濃を結ぶ重要な街道の峠のひとつである。

『あゝ野麦峠』（山本茂実，朝日新聞社，1968）は，戦前，飛騨の若い女性が雪深い野麦峠を越え，出稼ぎとして信濃の製糸工場で働く様子を描いている。作者は多くの面接調査を経て当時の農村の暮らしや風景を描いた，とされる。登場する人物である政井みねは実在し，象徴的な人物として語り継がれている。作品に関わる，或いは当時を知ることができる資料データが散逸しないよう収集・保存しなければならない。

7.2.6　地域の観光

観光デジタルアーカイブは，地域の各種デジタルアーカイブから，観光に適する資料を収集し，地域の市町村が提供している観光情報と合わせて構成する。特に市町村の観光課などとの協力のもとに，各施設，企業，ボランティア等などの情報も合わせて総合的な発信が横断的に可能なのが図書館である。

7.2.7　地域の人々が参加するデジタルアーカイブ

市民参加のデジタルアーカイブの開発は，各施設でいろいろ試みられてきたが，短期で終わっていることが多い。長期に継続して人々が参加するデジタルアーカイブは，中心になる支援をする機関が必要であり，地域文化情報を扱う図書館が機関として適している。図書館が地域の人々に働きかけ，同好会的な組織，各市町村の機関・学校などが有機的な組織を構成し，デジタルアーカイブの保存と利用を推進する必要がある。

地域の図書館は，図書，地域の情報を受け入れ，市民が利用できる総合的な機関として発展が望まれる。現実に，地方では，発掘された埋蔵文化財など多くの文化財を保存・展示している図書館もあり，新しい観点からの総合的な地域図書館としての役割が望まれている。

第8章　地域の産業・生活文化

　本章で事例として取り上げる飛騨高山匠の技や名鉄路面電車，食文化等，地域の産業や生活文化に関わるデジタルアーカイブは，各地域の産業の歴史，技の継承，廃線等によって失われた地域の風景等の記録であり，地域資源の発見や昔の風景を懐かしむ等，地域の昔を知る，ひいては現在を知ることに繋がるものであり，その歴史，過去から現在，未来までを地域や時間軸に沿って，丁寧に記録する必要がある。また，将来，さまざまな利用を行う（メディアミックス等）ことを考え，知的財産権の処理等とその記録を残すことも忘れてはならない。

　このようなデジタルアーカイブに取り組むためには，次のような留意点が挙げられる。

①地域の歴史的背景の調査と資料記録

　地域の産業や生活文化には，その産業，例えば，企業の沿革や製品の歴史とは別に，その産業と関わりのある地域の歴史やそこでの人々の暮らし，先人の知恵等が密接に関わっている場合が多い。本章で紹介した飛騨高山匠の技では，匠の製品を今に伝える企業の歴史も重要であるが，飛騨工（匠）の歴史的背景との関わりについても，調査し，関連する資料収集や記録が必要である。

②人々の生活を伝えるオーラルヒストリーの記録

　地域の産業・生活には，人々の生活やその時代ごとの人々の思いが息づいている。そのため，単なる産業・生活を伝える資料の記録のみではなく，関係する人々の話をオーラルヒストリーとして記録し，デジタルアーカイブとして構成することが必要である。他章でも触れたとおり，地域文化のデジタルアーカイブには，人の思いや記憶が重要であり，オーラルヒストリーもさまざまな場面で必要とされる。

8.1 飛騨高山匠の技

8.1.1 飛騨高山匠の技の歴史

「飛騨工制度」は古代（奈良・平安）に木工技術者を都へ送ることで税に充てる全国唯一の制度で，飛騨の豊かな自然にはぐくまれた「木を生かす」技術や感性と，実直な気質が古代から現在まで受け継がれ，高山の文化の基礎となっている。市内には中世の社寺建築群や近世・近代の大工一門の作品群，伝統工芸等，現在もさまざまなところで飛騨匠の技とこころに触れることができる。

また，『万葉集』の「かにかくに　物は思わじ　飛騨人の　打つ墨縄の　ただ一道に」という恋歌からは，飛騨人の打つ墨縄が一直線であるように，ただ一筋の道を行くのだという飛騨の木工技術者としての実直に仕事をする飛騨の匠たちの姿をみることができる。優れた飛騨人の建築技術は，奈良の地には今もその華麗な姿を残し，これらの飛騨高山の匠の技術の姿を明らかにすることは現代まで脈々と受け継がれてきたさまざまな伝統技術の原点でもある。

8.1.2 飛騨匠の技とこころ

「飛騨匠」（「飛騨工制度」消滅後の飛騨の木工技術者について「飛騨匠」と記載する）の技術の特徴は木の性質を見極め，それを生かす技術であるといわれる。飛騨で優れた木工技術が育まれた理由の一つには，飛騨高山の豊富な自然がある。

面積の8割以上が森林に覆われている飛騨高山。特に，3000メートル級の山々に囲まれた飛騨地方は，品質の良い木材の産地として知られている。高山市では，椅子などの家具作りや，木をつかった伝統工芸など，木材に関わる産業が盛んであり，昔から代々伝えられてきた職人の技は，木の町，飛騨のくらしの中に今も生きている。また，「飛騨高山の匠の技」は，古くは奈良や京都などに招かれ，有名な寺の建築も手がけている。飛騨高山の匠の作品は，正確な技術に基づき，木の美しさを生かし，全体的に質素な美しさにまとめられていることが大きな特徴である。

8.1.3 飛騨高山匠の残した作品

飛騨地方では，各時代の飛騨匠の足跡をたどることができ，特に古代寺院跡の多い国府盆地には，中世を遡る建築物も多く残されており，飛騨の社寺建築の流れを知ることができる。これらの飛騨の社寺建築の美しさの一つに，屋根の優美さがある。飛騨の山々の形に似た美しさをみせる社寺建築の屋根の曲線は，飛騨の匠から代々伝わる口伝を基に，形作られている。木の美しさを生かす技は，建築物以外にも発揮された。

飛騨春慶は，江戸時代初期，打ち割った木の木目を生かすために透明な漆で盆に仕上げたことから始まる漆器で，透明で木地の木目が見える漆を用いるため，素材の見立て，加工から漆塗りまですべてにわたって高い技術が要求される。

また，一位一刀彫は江戸時代後期，色彩を施さず，イチイの木の持つ木の美しさを生かした彫刻として完成された。これらの伝統工芸の技術や木工技術の粋を結集して作られたのが高山祭屋台である。

　これらの匠の技術は，やがて長い年月を経て，和から洋へとライフスタイルの変化へと進み，大正期に「飛騨の家具」として，飛騨匠の技が継承されている。

　2016(平成28)年4月25日，高山市の申請した「飛騨匠(ひだのたくみ)の技・こころ―木とともに，今に引き継ぐ1300年―」が日本遺産に認定され，その時に示された飛騨高山の匠の技における文化財の一部を以下に示す。

　石橋廃寺塔心礎，光寿庵跡，飛騨国分寺塔跡，国分尼寺金堂跡，安国寺経蔵，荒城神社本殿，阿多由太神社本殿，熊野神社本殿，照蓮寺本堂，国分寺本堂飛騨匠木鶴大明神像及び版木，高山城跡，雲竜寺鐘楼門，素玄寺本堂，神明神社絵馬殿，法華寺本堂，高山陣屋，国分寺三重塔，大雄寺山門，東山白山神社拝殿，法華寺番神堂，東照宮本殿，吉島家住宅，日下部家住宅，田上家住宅，大雄寺鐘堂，国分寺表門，富士社社殿，飛騨春慶，一位一刀彫，高山祭屋台，有道杓子等

8.1.4　匠の技デジタルアーカイブ

　2016(平成28)年4月より，岐阜女子大学では，大学アーカイブとして飛騨高山匠の技デジタルアーカイブを開始した。本学では，以前より地域資料のデジタルアーカイブとして，さまざまな地域資料のデジタルアーカイブを実施してきた。この飛騨高山匠の技デジタルアーカイブにおいては，飛騨高山における匠の技を後世に語り継いでいくためのデジタルアーカイブを開発することを目的とし，次の3つの視点でデジタルアーカイブを開発している。

①飛騨高山に息づく匠の技とこころを，日本で始めてデジタルアーカイブし，匠の技を後世に残す

②飛騨高山の地で，育み受け継がれてきた伝統木工技術による「曲げ木」等の匠の技の伝承

③飛騨高山で匠の技が伝承されたのはなぜか？を解き明かすための匠の歴史

■飛騨春慶塗（塗師，木地師）

塗りの様子

塗師の作業場

塗師による解説の様子

木地制作の様子

木地師の作業場

完成した木地の様子

■一位一刀彫

一刀彫　作業の様子（右側から）

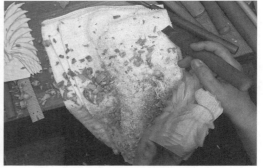
一刀彫　作業の様子（頭上から）

一刀彫の材料

撮影準備の様子

■飛騨木工家具

社長による木の解説

工場内での作業の様子

工場内での作業の様子（手元）

工場内での塗装作業の様子

第8章　地域の産業・生活文化　　107

組み立てられた椅子

製品となったテーブルと椅子

■飛騨国分寺

本殿

三重塔

■秋の高山祭：八幡祭

屋台

屋台彫刻

8.2　路面電車：名古屋鉄道（岐阜市内線）

8.2.1　廃線前の岐阜路面電車デジタルアーカイブ

　岐阜路面電車は岐阜市を中心に関市などへの交通機関として利用されていたが，2005（平成17）年3月末，旧名鉄岐阜線区の全路線（旧岐阜市内線（岐阜駅前～忠節）・旧揖斐線（忠節～黒野）・旧美濃町線（徹明町～関）・旧田神線）が廃止された。そこで，岐阜路面電車デジタルアーカイブとして，廃線時に現存する全線について，車窓からの風景と主要交差点での様子を動画・静止画で撮影記録した。

■市内線

新岐阜駅前

千手堂交差点

■揖斐線

柳ヶ瀬商店街付近

忠節橋

尻毛橋

利根川

■美濃町線

入船町付近

関駅

■市ノ坪操車場

車庫内の車両

清掃の様子

8.2.2 デジタルアーカイブとメディアミックス

2015年度,岐阜女子大学は岐阜新聞社との包括的連携協定を期に,大学が所蔵するデジタルアーカイブのデジタルメディアの提携を行った。これにより岐阜女子大学のデジタルアーカイブを用いた岐阜新聞（印刷メディア）,岐阜放送（岐阜新聞を親会社とする放送メディア）,岐阜新聞電子版（通信メディア）での,地域のメディアミックスが可能になった。

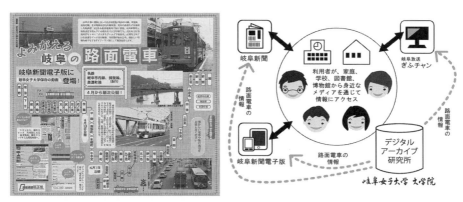

▲岐阜新聞電子版で動画マップが紹介されることを告知する新聞記事[1]

メディアミックスのシステム▲

岐阜路面電車のデジタルアーカイブ化は撮影から10年余りが経過している。その間にも,地域の町並みや住民の生活は変貌している。

開発からある程度年月が経過しているデジタルアーカイブについては,地域の各種メディアに提供することにより,大人から子どもまで,それぞれの立場で情報を得,昔を懐かしむ,興味をもって調べる,という行為につながり,地域社会における情報流通の活性化につながる。

このようにデジタルアーカイブを用いたメディアミックスが広く社会に向けて情報提供することは,地域における新しい総合的な情報提供システムとして期待できる。

8.3 食文化

地域の食文化を示す数々の食は,その歴史的背景や地域性とも密接に繋がる。

デジタルアーカイブの記録としては,食べ物や器等といった静止物の撮影は,地域の風景や祭りの様子を撮影する場合とは,違った配慮が必要になる。

8.3.1 祭りの食：行事から昔の食を見いだす

数十年,数百年前の食文化を伝えるものの一つに神饌（神に供える飲食物の総称であり,御食,供物ともいう）がある。神饌には,地域の産物が用いられることが多く,各地域の食文化により違

いがある。現在の神饌は，そうした過去からの食文化が受け継がれている場合が多い。地域の食文化については，古文書や古記録等，過去の記録に残っていることもあるが，神饌等から昔の食文化や地域の状況を今に伝えるものも多い。それらをいかに記録するかを検討することはデジタルアーカイブの重要な事項である。

神饌に地域の食の様子が見いだせる例として，岐阜県岐阜市池ノ上の葛懸神社「みそぎ祭り」について，神饌をどのように準備し，どのように神迎神事を行われているか，その状況を次に示す。こうした記録によって，当時の地域の人々の食生活を中心にした文化が見えてくると考えられる。

葛懸神社「みそぎ祭り」は，岐阜県岐阜市池ノ上の葛懸神社で，旧暦10月（神無月）晦日の神事として，応永の大飢饉の頃から伝わる歴史ある祭りである。禰宜が，長良川の清流で，禊（みそぎ）をし，静かに清く澄んだ心をもって神饌のすべてを準備し，神迎えの祭をする行事である。

神迎えの神饌は，昔から「御飯，御鰯，御大根に御漆の御箸を添えて」と伝えられている。米，大根，漆はこの地域で準備できるものであるが，鰯は，海が遠いこの地域では乾物しか入手できず，それでも海の幸として，とても貴重なものであった。また，神事の後，お供えした御飯をいただき，その皿を石や地面に投げつけ割る行事がある。神とともに食し，その皿を投げて割り，これまでの罪穢を祓い，新しく出発するという意味あいが込められた文化を見ることができる。

禊をした禰宜が神饌のすべてを準備する

神饌を供える準備

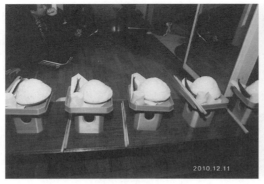

▲準備がととのった神饌

送中（本殿に神饌を運ぶ。紙のマスクをして，息がかからないようにする）▲

神饌（御飯，御鰯，御大根に漆の御箸）

神迎祭（午前零時過ぎに行う）

各人が神事の後に食す

皿を投げて割る

　地域文化デジタルアーカイブは，昔からの地域の文化を正確に記録し，関連資料と併せて保管していくことが重要である。特に，食文化は，生活の様子が色濃く現れるものであり，その内容は，経年により変化し，消滅してしまうことが多い。どのようにデジタルアーカイブ化していくか，検討する必要がある。

8.3.2　オーラルヒストリー：仲本氏による戦前戦中の沖縄の子どもの食

　地域の食生活は，写真等での提示と合わせて，オーラルヒストリーでの具体的な説明がある方が望ましい。特に，子どもたちの食生活は，体験者による話であれば，状況が伝わり，同時に当時の気持ちも聞くことができる。

　「仲本氏の戦前戦中の食についてのオーラルヒストリー」では，当時の体験者でなければ分からないことが話されている。

　食生活のデジタルアーカイブは，次のような項目が必要である。
　①食品（例えば主・副食としてどのような食品を食べていたのか）
　②調味料の特色（例えば油みそ）
　③調理方法と生活での食の様式

④人々の食に対する情意的（好みも含め）な事項
⑤食生活の状況（例えば弁当などの内容や食事の方法など。写真や図，説明等が必要）

次は，仲本氏が少年時代の食生活について，話されたオーラルヒストリーである。

2015年8月15日記録（オーラルヒストリーから抜粋）

(1) 仲本氏が子どもの頃に食べていた食事内容について

　朝食はサツマイモ，味噌汁それと油味噌などをつけて食べていた。イモは大体，あの頃は大食いだったから5～6個もっとかもしれない。それと沖縄ではそのイモを炊くには水を入れて直接炊いていた。そのまま食べるのは美味しくなかった。それで皮を剥いて食べていた。

　そして，お昼にはどうしていたかというと，やっぱりサツマイモですね。それから，味噌汁とかそういう風に食べていました。

　それから，夕食はお粥と銀飯の中間位のご飯，ドロドロしたやつ。それと味噌汁，それからおかず。おかずは色んなのがありましたね。

　トーフチャンプルーとかフーチャンプルーとかマーミナーチャンプルーとかそういったものね。おかずはそんなもんでした。

　で，大体それが一日の食事でしたね。そうすると朝はおイモが主食になりますね。それから昼もおイモ，それから夕食にご飯，ご飯じゃなくして，このドロドロの，これを私たちはアチビーメーと言っていました。それ意味はどういう事かというと，メーというのはご飯ということですね。方言で。アチビーというのは熱い火ということ。だからいつまでも冷まりにくいんですね。

　それと，一日の食事の朝食，昼食の代表的なものは，イモがもっと多かったですね。それから味噌汁も一杯や二杯ぐらい飲んだと思います。それから，たくあんが，たまに入ったり，たくあんが2，3枚ね。それと，チキナーというのわかる？チキナー。菜っ葉を漬けたやつ。菜っ葉を漬けて切って，塩漬けにしたものですね。それが入ったりしてたんです。大体一日のメニューはそんなもんでした。

(2) 油味噌の材料について

　当時は米もありますけども，当時田舎ではそら豆を使っていましたね。味噌はね。それを結局，味噌にして使っておったんです。まあ，味は割と良いみたいですね。現代も多分あるかもしれません。

(3) イモの炊き方について

　シンメーナービというのがありますね。このシンメーナービというのは，大体資料見る

と28リットルくらいの水が入るんだって。だからかなり大きいですね。

　そしてこのシンメーナービというんですが，その家族の少ないところは必ずしもシンメーナービじゃなくして，もう少し小さくなって，サンメーナービというのがある。シンメーナービというもの，クンメーナービというものがある。

　大体僕が知っているのは3つくらいですが，代表的なのはシンメーナービだったと思います。そしてそれでね，もう本当にぎりぎりまでイモを洗って入れて水を入れて下から炊いていたんですね。そうするとね，これに板の蓋なんていうのはあんまり使わないんですね。

　板の蓋だと，中々こんなものできないんで，この野草などを組み合わせて編んでいるんで，蓋しますとね，中の圧力が上がるんですね。それでイモがよく炊けると。それと場合によっては穴があるんですよ。蓋の上の方に。これも塞ぎますとね，ますますこの中の圧力が高くなると。その代わり爆発するということは無いと。なぜなら，ここから少しずつ湯気が出て，大丈夫です。安全です。大体そういう風にシンメーナービというものを使っていました。そしてそれもね農家では，ちゃんとした釜戸を作ったところもありましたけど，普通の農家では石を三個並べた釜戸ですね。

　そして，火を燃やすときも松の葉っぱ，枯れ葉が落ちますよね。松林行くと枯れ葉が落ちます。その枯れ葉を集めてきてこれを燃やすんですよ。だから技術いるんですよ。私たちだけではできませんでした。この石の三つの間にこうしてちゃんと入れて，火をつけて，こう棒で少しずつやりながら，だんだんおしえていくわけね。こういう風なもんでした。あの，だから男の子ではほとんどやらなかったですね。女の子が，んーしかし上手いのは三年生の頃からイモを炊いていました。これ（シンメーナービ）のいっぱいですからね。これのもう本当にいっぱい。まあ，そんな風にしてイモを炊いていました。

　そして，この炊いたイモは鍋にそのまんま入れて，蓋を取ります。

　取らないと多分腐るのが早いんでしょうね。蓋を取ってそのまんま置いてありました。その開けっ放しにしてね，そしてその当時は，うちは田舎では戸を全部開けっ放しでしたから，炊事場もね，どこもね。まあ開けっ放しでしたので，子どもたちは勝手に入ってきて，食べたいときにこのイモを取って食べていた。だから必ずしも三度の食事じゃなくして，おやつとしてもそのイモを食べておったんですね。

　それが大体農家の三食で，そして私の住んでいるところは，ヌンドゥンチ（祝女殿内　祝女の住まいをさす沖縄語）といって，ノロ（祝女　奄美・沖縄諸島で村落祭祀を司る女性祭司の長）の出身のお家だったんですよ。それでねそこ割と田んぼ多いんですよ。それでもこのアチビーメーしか食べてなかったと。ところがアチビーメーは良いほうで，もう少し貧しい農家は三食とも，朝昼晩までずっとイモばっかりというところもあったようですね。

図1　ンムクジアンダーギー　　　　図2　ンムカジポーポー

(4)イモを使ったさまざまな料理について

　食事についてもう少しお話ししますね。イモを食べるんですが，このイモの使い方，必ずしもイモばっかり食べるんじゃなくして，これをねンムニーというのがあるでしょ？つついて，こう，きんとん，ンムニーにして食べたり。それと，このイモを炊かないうちに生のまま擦るんですよ。擦って粉にして水で洗って，そしてそのカスを絞って下にデンプンが溜まるんですね。そのデンプンを使うんです。そのデンプンをンムクジと言ったんですね。ンムクジ。そしてその絞ったのをンムカシ。だからその，このンムクジをよく使ったんですね。

　そのンムカジはどう使ったと言うと，溶かして，丁度小麦粉みたいにして，(つけて)天ぷらみたいにする。それから，ンムクジアンダーギー（図1）とか，ンムクジ天ぷらとか今でも売っていますね。

　それからンムクジポーポーと言って，カスがありますよね。このカスだけでは炊いて終わっても固まらない。固まらないから。この，そのンムクジ，くずの方を少し入れて，そしてヒラヤーチー（沖縄風のお好み焼き）みたいにするんです。で，これを巻くんですね。巻いて，巻くんだけどその芯の方にね油味噌を入れる。油味噌を入れて作ったのがンムカジポーポーね（図2）。これは実際はね小麦粉でできているんですが，もう少し色が黒っぽくなります。まあ，そういうのを食べたり，そのンムクジを色んなものに使いました。そのまま溶いて，それに野菜とか豚肉なんかを入れてのり状にして，食べたのがありますね。これがンムクジプットゥルーと言ったりね，そう言ったのがありました。だからイモの利用というのは，そのまま剥いて食べるの，それから油で炒って食べるの，それから今みたいにくずを取って食べるもの，それからつついて，均等にして食べたり，こういった食べ方がありました。

　まあ，子どもの頃一番好きなのはやっぱり，あのンムクジ，じゃなくして，やっぱりそのまま味噌をつけてね。その油味噌もね，当時の場合には少し肉を切ってね，肉の形が少し入っているんです。肉の形が入っていて，それを油で揚げるんだけど，その代り，それ

だけじゃ面白くないから，それと匂いがあんまりだから，よく，チリビラー，わかる？チリビラー，ニラのこと。チリビラーを入れたんです。そうすると匂いが良くなる。味も良くなる。それとね，その辺に生えている野草でね，ノビルってあるんです。あの，ネギに似ています。細くして，山に行くといくらでも，あの畑のあぜ道とかね，山の中にこれがよく生えていた。あの，方言でニービラー。これを味噌の中に入れて。だから油味噌といっても，そのノビルを入れたり，チリビラーを入れたり，あるいは肉を入れたり，そしてその肉もね赤肉はあまり使わない。白い肉を四角にちょっと切って入れとく。そういったものでしたね。だからそのイモの使い方が，ものすごく私たちの小さいころは大事なもので，しかもどの農家でも作ってました。

そして学校行く前に，畑行って掘ってくるんです。ザルの一杯。掘ってきたり。お袋が行ったり，あるいは，おばあちゃんと一緒に行って手伝いをしたんですが，そしてこんな大きなザルにね一杯担いでね，持って行くんです。そして，あの鍋に入れて，洗って鍋に入れてやるんですね。ま，イモの使い道というのは大体そんなもんだったと思います。

(5) 味噌の保存の方法について
　味噌はね，腐ることは無いんですよ。瓶の中に入れて，蓋をして閉めておいたんですね。その瓶の大きさが色々あって，味噌の要するに作り方によって大きな瓶に入れたり，あの，小さな瓶に入れたり，味噌はまあしかし大体，70〜80センチから90センチ，1メートル内くらいの瓶に入れて，手を突っ込んでもすぐ取れるくらい。そういった瓶の中に味噌を入れてましたね。

(6) 味噌汁の具について
■野菜
　味噌汁に入るのはというと，野菜も入りますね。畑で採れた野菜。これを浮かべてやるんだが，一番問題なのは出汁でしょ。味噌汁の場合ね。味噌を入れて，それに，その出汁を取るには，鰹節。これはやっぱり昔から鰹節，よく使っていました。それとあれは何というんですかね。小魚をほら乾燥したやつがあるでしょう。何といった？　うるめですかな。うるめを突いて粉にして，それを入れて出汁をとる。
■昆布
　それから，昆布とかそういったもので出汁をとる。そして使うのは，例えば味噌でしょ。それから今のうるめとか，鰹節だとか。これ，一緒にじゃなくして，鰹節使うか，うるめ使うかということですよね。
■豚油
　それから，その他にもね，必ず豚油を使っていましたね。ラード。そうするとそのラードの油が浮かんでる野菜に染みつくと美味しくなるということでね。大体そんなもんでし

たよ。そしてその野菜もね，普通農家で使っている菜っ葉とかそういうの以外にもね，要するに野草があるんですよ。野草でね，一番よく使われたものが，シージャナバー（苦菜）というやつ。

■野草

それから，フーチバー（よもぎ）。それから，マーオーバーといってね。ハルノノゲシで，畑によく生えるのがあったんですよ。ハルノノゲシね。これウサギがよく食べます。これもよくおつゆに使っていた。ただしこれ使うと真っ黒になってね。要するに，あくがでるというのかな。それでも美味しく食べていました。トゥイヌヒサーというのがあるんです。オオタビラコというのかな。トゥイヌヒサーといって，マーオーバーはこう縦に伸びるんだが，このトゥイヌヒサーはタンポポみたいな感じのね。それから仕方がない時には，クワギヌハー，桑の葉っぱ。若いの，桑の葉っぱとかね。それから，ニービラー。さっき言ったノビル。それから，ツワブキ。チーパップーと言ったりね。これはね，あの，若いのじゃないと美味しくないんですよ。だから若いのを採って。

■茎菜類

それから茎はね，ゴボウみたいに切るんですが，そのまま食べられないから皮を剥くんですよ。皮を剥いて，ツワブキ食べていました。それから，まあ当然イモが沢山ありますから，カズラの葉っぱね。それからね，これ今でも僕不思議でたまらないんですが，その，そら豆の葉っぱをね，沢山積んでくるんですよ。積んできて，これを炊いてね。湯がいて，これをねそのまま食べればいいんだけど，これを井戸に持って行ってね，うんと洗うんですよ。青汁を全部出して。青汁を全部出してね。洗って食べる。そうすると，残りのほとんど繊維ばっかりなんですが，それをまた炒って食べる。それもおかずなってね。これはあんまり私美味しいとは思わなかったんですが。こういったのもありました。

■肉類

それから，まあ肉類はね。肉類とか貝類はね，塩漬けにしたものが沢山ありますのでね。それを少しずつ切って，そのおつゆの中に入れると。それと，私のところで一番今でも印象に残っているのはね，骨付きの肉。これも塩漬けにしてあったんです。

塩漬けにしてあってね。そうすると，人間が6名だと，6個入れるんですよ。6個入れてね，おつゆにするんですよ。そうすると間違いなく1つずつ入れられる。そういう食べ方ね。まあそんなことで。

■貝類

まあ貝類はね，大潮があるでしょう。1日，15日にはよく潮が引くでしょう。そうすると，おばあちゃんなんかについて，その潮干狩りに行くわけだ。そうすると色んな貝がありますよね。その貝を食べたり，夜行くと今度は魚が獲れるから，この魚を食べたり。そんなこともやっていました。

図3　スクガラス　　　　　　　　　図4　ワタガラス

■エンドウ豆

　それから他にはね，エンドウ豆をおつゆに入れると。炊くと。そういったのもありました。それから昆布をよく使っていましたね。それからモズク。これはおつゆじゃなくして，おかずとしてね。こういったのを大体味噌汁には使っていました。

(7) おかずについて

■豆腐

　まず豆腐を一番利用しましたね。1丁の4分の1ぐらいの豆腐にこういうの，スクガラス。スクガラスを乗っけてあるんですよ（図3）。それからイモと。これは美味しいんですよ。それから次はワタガラス（図4）。カツオの内臓ですね。内臓を漬けたもの。これをまあ，どっちかをやったんです。これも美味しかったんです。

　で，ところがね，今食べたら塩っ気が多くて，私は今減塩しているもんですから，後でこの写真を写して後で食べようと思ったらね，これだけ食べるのが精いっぱいでした。

■おから

　それから豆腐を作る時に，カスが出ますね。あの，おから。おからはよく使いましたね。おからは結局，トーヌカシーイリチャーといって，こう炒って，そしてこれも，そればっかりじゃなくして，そこに野菜を入れたり，特にあれを入れていました。ニラ。チリビラー。これをよく入れていましたね。それでトーヌカシーイリチャーとというのをやっていました。

■調理方法

　それからトーフンブサーというやつ。それから，トーフチャンプルー。今でもありますよね。トーフンブサーってあんまり聞かんでしょう。チャンプルーという言葉はよく聞きますね。ところがンブサーは最近あまり聞かないんですよ。イリチャーというのは要するに炒ったことですよね。だから汁も野菜から自然に出るようなものですね。イリチャーというのは。イリチーとかイリチャーとか言うんですが。それから，チャンプルーというや

図5　ナーベーラーンブサー

　つはね，どっちかというと，そのイリチーを，イリチーの中に色んなものを入れる。要するにちゃんぽんにして。これをチャンプルー。そして，そのどっちが多いかによって，トーフチャンプルー，それから，キャベツが多ければ，タマナーチャンプルー。それから，もやしが多ければ，マーミナーチャンプルー。それから，その他にソーミンチャンプルーとかね。そういう風な使い方。まあこれはね，イリチャーの一種の使い方ですね。色んなの合わせるから。
　ンブサーというのはね，炊いたもの。要するにね，野菜とか豆腐とか入れてね。そのおつゆみたいにして炊くんじゃなくして，少しの水にして炊くんですよ。
　これナーベーラーです。ヘチマのね。ヘチマのンブサー（図5）でね。おつゆではない。煮込んだやつね。
　そうすると，これに多いものによって例えば豆腐が多ければトーフンブサー，キャベツが多ければタマナーンブサーとかね。こういう風な名前を付けます。
　そしてよく方言でね，イリチーとかンブサーとかチャンプルーとか言う。要するにこれは琉球料理のね，一番簡単でね，よく使われるもの。イリチーというのはよく炒ることですよね。それからンブサーというのは，要するに少しの水に色んなもの入れて炊き込むことね。
　それから，チャンプルーというのは色んなものを混ぜて炒ったやつ。これをチャンプルーという。大体3つの方法があるみたいですね。これが一番簡単で誰でも作れますよね。それと一番面白いのは，現在ではあんまり無いんですが，私が注文して食べに行ったんですが，チーイリチャーというんです。

■豚

　豚を殺すと血液が採れますよね。その血液と，それから，その豚の肉とか野菜とか色んなもの入れてね，これを炒るわけです。そしてそれをラードで炒るわけですね。これが昔は非常に美味しい食べ物と言われとったんですが，今度食べに行ったらですね，そんなに美味しいとは思わなかったですね。
　そしてやっぱりお腹空くんですよ。お腹空くから，たまに鍋からおイモを取って食べたり，それからね，これもよく隠してあったんですが，ンムクジアンダーギーとかねウムクジ天ぷらとかね，トーフポーポーとかね，これはお祝いの時とかに作るんだよ。これが隠してあるんだよ。サギジョーキーというのが天井にこう釜戸の上に下げる入れ物があるんですね。蓋がついておって。でこれは底が腐りにくいんだ。それで，そこから取ってね，よく食べた覚えがあります。

そういうのが大体間食として，あるいはお祝いの時。あのシチビとかね。それからウユミというのがあるの。シチビというのは，あの節句というのかな，節句という意味がある。シチビというのは。それからウユミというのは季節の変わり目というのか。例えば冬至だとか，冬至は季節の変わり目ですね。トゥンジー。その時はトゥンジージューシーといって，要するに固い炊き込みご飯みたいなものを食べますよね。まあそういうことであったんです。そして，その他ね，当時はね7月とか正月とか何かある時にはね，2，3ヵ所，要するに隣近所2，3ヵ所が集まって豚一頭を殺すんですよ。そしてみんなわけ合うわけ。わけ合って，それを塩漬けにして保存しているわけね。まあ，そういう風にして肉を使って。

■山羊

　それからね，山羊を殺してよく食べていたんですよ。どんな時かというとね，例えば田植えが済んだとき，それから稲刈りが済んだとき。こんな時にはね，農家というのは自分一人で，稲植えたり，田植えをしたりしないんだ。その隣近所集まってきて，みんなでやるんですよ。これはイーセーと言ったんですがね。私のところでは。寄り合いみたいなもんだよね。イーセー。こう集まってきてみんなで田植えをやるわけだ。そうすると沢山集まってくるでしょう。そうすると山羊一頭を潰すわけ。そうするとこれをね，あのさっきのシンメーナービに入れて，これいっぱいに炊くわけですよ。シンメーナービに入れてね。そしてみんなでやるんですが，山羊の場合には食べ方がすごいんですよ。今と違ってね例えば，多く食べたって2杯ぐらいでしょう。おつゆにしてもね。これを6杯にも7杯にもやるやつがいたんだ。要するにね，山羊汁だけは全然別腹と言ってね，もう本当に6杯，7杯食べる人がおるね。私はせいぜい2杯ぐらいでしたけど。そして，ちょっとやっぱり，羊とか豚とかに比べて，あの山羊の場合には匂いが強いんですよ。だから好き嫌いが激しいのね。嫌いな人は，もうこれ徹底的に炊いてるだけでも嫌いだと。匂いしますよね。炊いてる所からも逃げる人がいました。それから，これ炊くと喜んでからに，もう僕なんかは好きだから，まずは刺身を，殺している所行って，川の中で洗っているんですが，それを切って食べたりしていました。特に耳なんかがね。耳などを切って，これ僕のもんだと言って。そうすると殺している人も耳を切って，はいと言って，その辺にいる子ども達にくれていました。これが一番でしたね。それから刺身もありました。山羊汁はそういう風にして，やっぱりシンメーナービに一杯炊いていました。だから場合によっては2，3日これでした。やっぱり3日目ぐらいからはおかしくなったり（いたんできたり）してたんですが。山羊汁は，そうですね，田舎ではこう山羊を養っているから，何か人が集まるたびに，大体あれしていたんですね。

　豚肉というのは大体7月とか，あるいはお祝いがある時には潰したんだけど，山羊はね，もう毎月というくらい。2か月に1回くらいは殺して食べていたんですね。それからすると，非常に質素なこのイモのね，メニューなんですが，こういったものを豪華に食べてお

ったということですよね。だから栄養的にはどうだったんだろうな。
■米飯
　そして，お米のご飯ですね。沖縄でね，こんなに沢山シチビとかオリメーがあるわけですよ。そうすると，この時には大体が，普通のご飯が食べられる。要するにアチビーメーじゃなくして。だから朝からワクワクしています。それと，おかずが良いんだ。この日は。
　だから沖縄にはね，あんな質素に食べて，あれで栄養つけられるんかなと思うんだけども，やっぱりこういった沢山の行事が祭祀があってね。これで補っておったんじゃないかなと。この時にはちゃんとしたご飯が食べられるんで，朝からワクワクしていた。
■弁当
　弁当は男の子たちは，こんなして持って行ったんですよ。（図6）

①芋3個と味噌　　②おりまげる　　③タオルを折り曲げる　④しぼる
図6　当時の弁当の包み方

　タオルがあると，タオルをねこう広げて，これにおイモ包むでしょう。そして油味噌を入れる。その油味噌をね必ず，あれの葉っぱに入れる。芭蕉。芭蕉の葉に入れる。その芭蕉の葉っぱ，普通はね，ポロポロポロと割けてね，弱いんですよ。すぐ破れるんです。ところがね，あれをね，太陽の照っている所を火で炙るんですよ。炙るとビラビラになってね，味噌を包んだりしても破れないんですよ。これで，芭蕉の葉っぱで味噌を包んで，これの中に入れて，これ写真にも載っていますね。男の子は僕なんかはこれに入れて持って行ったんですが。そして担いで持って行くと。そういう方法ね。これが私のお弁当でした。小さいころ。
　それから，そうじゃない場合はね，女の子はね，やっぱりこう包丁で斜めに切って，イモを皮剥いてですよ。そしてお弁当箱に詰めて，そして油味噌も入れていました。それから，場合によってはね，あの手が塞がると，場合によっては後ろに巻くんですよ。だから最悪にいたずらして人とぶつかったり，壁にぶつかると，ぺしゃんこになったりして。要するに手を開けたいとき，フリーにしたい時には，こういう風にして背中に巻いていました。小さいころの私の弁当はそんなもんでした。だから今考えると，何というかな，面白いなと思って写真を撮ってきました。まあ，そんな風でした。

■質素な食事

　だから，これから考えますとね，昔私たちが食べておったのをまとめてみますと，こう，質素で，非常に簡単な食事なんですが，それでもね，色んな工夫をして，色んなもの持ってきて混ぜ合しておったと。それから，肉などたんぱく質なんかも例えば漬物にしたり，1日，15日には塩の満ち引きが激しいですよね。その時の潮干狩りで作ったり。それから山にはね，色んな山菜があるでしょう。山菜をうんと食べたんですよ。

■地域の祭祀・行事とご飯

　それから，さっき言ってたように祭祀が多いと。祭祀が多いので，これでご飯が食べられたと。

　それからね，さっきも話しましたけど，何か田植えだとか稲刈りだとかいう時には人が沢山出てくるんですね。これをまあ，イーセーとさっきも言ったんですが，寄り合いみたいなのね。これがね，非常に盛んだったんですよ。当然大人もそうでしたけど，子ども達もそうでした。私たちもね，友達同士，イーセーヤーといって，そして今日はあんたのお家ねと言って，こういう風にしてやったんです。これは大体ね，3年生ぐらいからやりました。そしてそこ行くとね，夕食を出してくれるんですよ。これがまた美味しいんだ。ご飯出してくれるから。

■野山での調達

　それから，山に行くと色んな季節によっては果物があるんですよ。例えばね，グワバね。バンジルー。これはね自生していたんだ。山にね。それを，木があるところが分かりますんで。子ども達。時期になるとですね，そこ行ってとって食べていたと。それから，ヤマモモ。これが時期になるとね。それでこのヤマモモの中にも2種類あってね，この小っちゃくして固い美味しくないヤマモモもあるし。それから，ミージムンムーと言ってたんだが，その大きくてね，割と大きくて，あの美味しいヤマモモもある。そうするとこの木も子ども達みんな知っているわけだ。それからギーマ言ったんですがね，ギーマと言うのかな。これは本当の名前かよく分からないんですが，ギーマといって，こんな小さなねあれが下がるんですよ。ブツブツとしたのが。これをうんと食べていましたね。

　それから，イチゴ。今みたいな大きなイチゴじゃないけどもね。それでも山にあるイチゴはね，山に自然に生えているイチゴはね，沖縄の，これくらい（親指の第一関節ほど）あるんですよ。だからこれを採ってきて食べるとか。これは割とよくたまるんですよ。採ってね帽子の中に一杯ね。汚いけど。帽子に一杯入れて食べたりしていました。それからクービと言ってたね。これはあんまり食べなかった。あんまり酸っぱいんで食べなかったけど。こういうのがありました。こういったようにして，要するに野や山にあるものを，自然のものを利用していたということですね。

(8) チーイリチャーは全体的には食べられてはいなかったのか

　これはね，特殊なもんだが，血液そのものは沢山あるわけじゃないから，これはやっぱり保管してあって，これもやっぱり塩漬けじゃなかったかなと思うんですが。でこれをたまに出してね，血でもって炒めるんですよ。当然，脂。ほとんど脂で，浮いてるのほとんど脂なんですよ。今食べるとそんなに良いものと思わないんですが，当時はしかしこれ，喜んで食べていましたからね。チーイリチャーといったらまだ，やんばるにはあるはずです。例えば名護の道の駅とかにあるはずです。

■引用文献
1：『岐阜新聞』2015年3月26日付，朝刊，29面．

■参考文献
沖縄友の会琉球料理グループ料理製作『私たちが伝えたい琉球料理：おいしく作ってわが家の食卓に』沖縄友の会琉球料理グループ，2011．
「日本の食生活全集沖縄」編集委員会編『聞き書　沖縄の食事』農山漁村文化協会，1988．
渡邊欣雄他編『沖縄民俗辞典』吉川弘文館，2008．
高山市　「日本遺産に高山市申請の「飛騨匠の技・こころ―木とともに，今に引き継ぐ1300年―」が認定されました」http://www.city.takayama.lg.jp/kurashi/1000021/1000119/1007308.html，（参照2017-09-17）．

第9章　撮影記録の基礎

9.1 地域文化資料の撮影記録の方法

　文化活動，文化財，産業，観光，自然，教育，生活など，多様な地域文化資料を対象としたデジタルアーカイブの撮影記録では，資料を一方向からの撮影のみではなく，多方向から，また資料を中心とした全方位の状況の撮影，記録する必要がある。デジタルアーカイブとして，最も基本的な撮影手法について次に事例を示す。

■基本の撮影手法

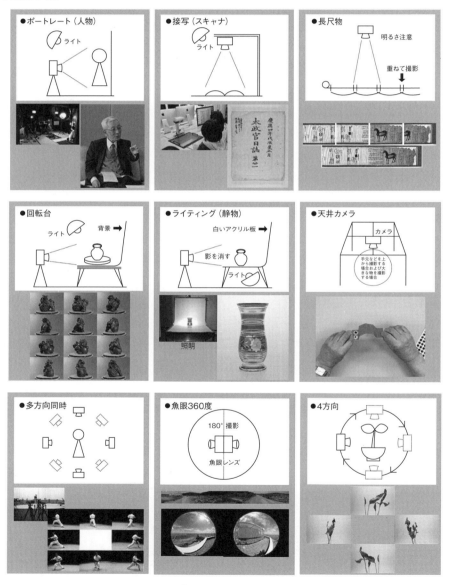

■高所からの撮影

■口述の撮影

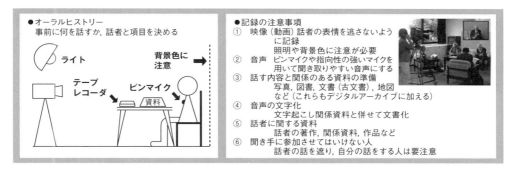

　地域文化資料の主たる撮影記録の方法について，いくつかの例を紹介する。

　古文書をはじめ，巻物など多様な種類があり，デジタル化の方法も多種多様である。このため，代表的な撮影記録の方法と注意点について説明する。

9.1.1　文書の撮影記録

　一枚一枚の紙の撮影には，多くの種類の文書があり，それらの記録にはスキャナとカメラによる撮影記録が行われている。

■平面スキャナによる方法

　これは以前より最も一般的に使われているもので，紙の位置に注意して記録する。全体に光の強さが均一になるように調整する。

　平面スキャナにはネガフィルムやスライドフィルムを読み込むためのアダプタが付属していることがあり，これを用いるとかつての貴重なフィルム映像資料をデジタル化して保存活用することができる。

■カメラ機能を用いたスキャナ装置による撮影記録

　接写撮影と同じような方法で資料を撮影記録する。機材も安価でよく用いられる方法である。

　この装置では，多少の資料の傾きや湾曲も補正する機能を有している。また資料の凹凸を補正するために，カメラによる接写撮影と同様，無反射ガラスなどで押さえて撮影するとよい。

平面スキャナ　　　　　　　　　　　　非接触スキャナ

文書の撮影例

9.1.2　巻物など長尺な資料の撮影記録

　巻物の撮影記録には一般的に２つの方法が用いられる。

　①全体を分割して各部分を撮影し，一連の画像データとして処理する

　特別な装置ではなくフィルムカメラまたはデジタルカメラで接写撮影をする。隣のコマ同士で重なる部分があるように撮影し，撮影後のデジタル画像処理でつなぎ合わせて一連の巻物として完成させる。画像を連結した際に全体が一様な明るさにすることが求められるため，撮影の際，コマごとの明るさが変わらないよう均一にすることが重要である。

　例を次ページに示す。

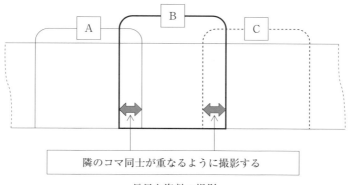

長尺な資料の撮影

長尺な資料の撮影画像（上）と完成画像（下）

②レール上で移動できるカメラを用いた撮影

①の方法が困難な場合は，水平な床に設置した撮影用レール上でカメラ（デジタルカメラまたはデジタルビデオカメラ（4K，8Kカメラが望ましい）を平行移動させながら撮影する。

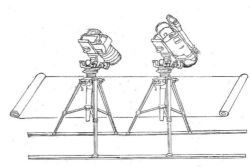

レール上でビデオカメラを平行移動させながら長尺な資料を撮影

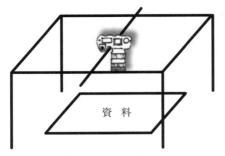
広い面積の資料を平面的に撮影

この撮影方法で重要な点は，カメラを滑らかに平行移動させることである。

同様の方法として，水平面上に配置した被写体の上方（2mくらいの高さ）で下向きにカメラを設置し，水平方向に移動させながら撮影する方法もあるが，技術的には難しい。

また地図などの平面状の資料の場合，カメラを平面的に移動させながら撮影する装置も利用されているが，一般的ではないため，専門家に依頼するのがよい。

9.1.3　各種紙メディア資料の撮影[1]記録上の留意点

正しく記録するために注意すべき事柄を示す。
①色調など，原資料を忠実に記録すること。
コンピュータで処理する際に，原物の色と対比しながら調整する必要がある。またカラーチャート（カラーガイド）またはグレースケールを写し込んでおくこともある。特に古い絵図などではカラーチャートを入れて撮影することが多い。
②資料の順序とデジタルデータの順序をそろえること。
文書のページ順など，原資料の順序を正確に守る必要がある。
③資料の所在場所等を記録すること。
地名を用いることが多いが，GPSによる位置情報を記録すると普遍的な位置を記録することができる。

9.2　踊り，舞の撮影記録

地域に伝わる踊りや舞は，多くの地域や人々によってデジタルアーカイブ化されている。特に地域の伝統行事や祭りなどでは貴重な踊りや舞が伴うことが多く，大切な文化活動であるといえる。
次に代表的な踊りや舞の記録方法について概要を説明する。

9.2.1　一方向からの撮影

一般的に最も多く用いられている撮影方法である。場合によっては特定の方向からのみの撮影が許可される場合もあり，その趣旨を十分理解して撮影を行うことが重要である。また夜に行われる行事等では照明が許可されないことがあり，事前の打ち合わせと検討が重要である。
例えば，面をつけて踊る舞では，面の中から外を見ているためフラッシュや照明ライトの強い光に目がくらむことがある。舞う人の立場を考慮して妨げにならないよう配慮する必要がある。

またビデオカメラでの撮影では，言葉などに著作権が伴うことが多く，どのように保管・活用をするかを検討し調整する必要がある。さまざまな場面があり，著作権に関する書物を読んだりや専門家の意見を聞く必要がある。

(1) 上方からの撮影

舞などを上方の位置から撮影することも行われる。例えば，多くの観衆の前方にカメラを設置して撮影することが難しい場合がある。このような場面では，一脚または最近よく用いられる自撮り棒の先端にカメラを取り付け，手で支えながら撮影することがある。この場合，事前に状況をよく調査し，場所や機材などを準備する必要がある。

この撮影方法では，高い位置のカメラがぶれることがよくある。それを防ぐためには，例えば建物の屋根や木の枝などでカメラや棒を支えるとよい。場面に応じて工夫するとよいが，演技者や観衆の安全を確保し，迷惑にならない配慮が重要である。

一脚につけたカメラで踊りを撮影するイメージ

本格的に足場を組みたてたり，高所作業車を用いて撮影することもある。

祭りの行列や踊り等では撮影対象が移動することもあり，複数のカメラマンを配置する，またはカメラを移動させながらの撮影も求められることがある。行事の進行に合わせた撮影計画も大切になる。

(2) 音声の記録

また映像記録だけではなく音声の記録も重要である。

音声記録では，唄や楽器演奏，観衆のざわめきなどさまざまな音源が考えられる。話者や小鳥のさえずりなど目的の音声を集中的に録音する必要がある場合には，指向性の強いマイク[2]を選択する必要があるが，同時に周辺の音も録音する場合は指向性の弱いマイクを用いる。また多数のマイ

クを使用し，音声ミキサーを活用して合成音を記録することも考えられる。音声は重要なデジタルアーカイブデータとなるため，デジタル記録やマイクの選択，記録密度の設定等が重要になる。特に再生して利用する際に聞きやすい音質，音の大きさ，明瞭度等について留意する必要がある。

指向性：狭い（強）　　指向性：広い（弱）　　指向性の狭い（強い）マイクを複数とミキサーを使用

音声記録でのマイクの設置

9.2.2　多視点からの撮影

　踊りや舞では所作として手，足，指先など多くの微細な動きまで注意深く鑑賞される。また次の世代に伝承するとき，一方向からの撮影ではすべてを記録することが困難であり，多視点からの撮影記録方法が多く用いられる。

　特に次の世代へ伝承することが目的のデジタルアーカイブでは，一方向からのカメラによる記録では身体の背後での手足の動きが不明になるため，多くの場合 8 方向からの撮影がなされてきた（通常は 4 方向からの撮影が多いが，時には 16 方向から撮影することもある。ビデオカメラとデジタルカメラを併置）。

①〜④の 4 方向から撮影する事例
（②は暗幕の後方に設置してある）

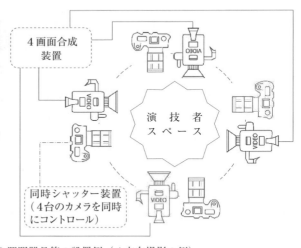

多視点撮影のためのカメラや照明器具等の設置例（4 方向撮影の例）

空手演武（8方向）　　　　　　　　郡上踊り（8方向）

（1）多視点撮影の方法

多視点撮影の方法は，デジタルカメラとビデオカメラとで相違がある。

■デジタルカメラの場合

デジタルカメラでの撮影では，複数のカメラのシャッターを同時に切る必要がある。このために，4台，8台，16台等，複数のカメラのシャッターを同時に切る装置を用いる[3]。

■ビデオカメラの場合

ビデオカメラでは各カメラ内蔵の時刻を統一し，同時に作動させて連続的に撮影する。撮影後に編集ソフトを活用することで多視点画像を編集する。

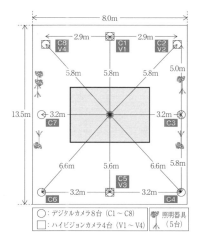

エイサーの8方向撮影とカメラ配置

第9章　撮影記録の基礎　　133

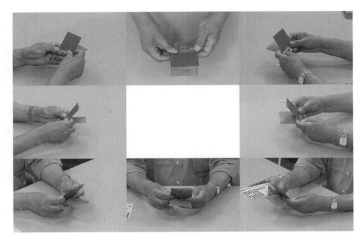

紙おもちゃ作りの8方向撮影（上からも手元を撮影）

9.2.3 踊り，舞などの撮影記録で最も注意すべき事柄

　私たちは，よく古くから伝えられているものは正しく，正統だと考えがちである。確かにそのとおりといえる部分が多い。しかし一連の舞，踊りを本当に正しく舞っているものかどうか，注意を払って見る必要がある。上手に舞っているように見えても，その動きが少し速い，足の位置がほんの少しずれているなど，細部や子細な所作の面で直すべき課題が見つかることがある。そこで，例えば，踊りや舞などの映像とともに，それを評価するデータ（踊りや舞を伝承している人や団体にフィードバックし，その意見や見解を文書や映像でまとめたもの）と共に保管することも大切である。

9.3　静止物の撮影記録

　一般に銅像や陶器等の静止物は一方向から撮影されることが多いが，デジタルアーカイブとして長期にわたって保存する必要がある場合には，再撮影が困難なことに配慮してさまざまな方向からの撮影を行う。

9.3.1　影を作らない撮影方法

　静止物を撮影する場合，上方からの照明光だけでは側面や下方に影が生じることが多い。このような影が生じないようにするためには，反射板や下方からの照明光を併用するなどの工夫が必要になる。

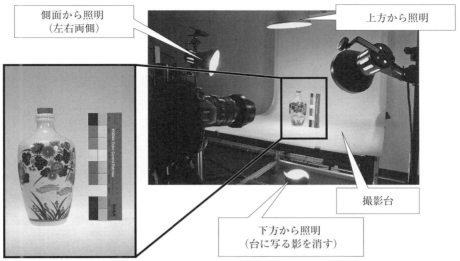

影を作らないための照明の工夫

9.3.2 回転台上で多方向から撮影

　壺のような被写体を回転台上に配置し，回転台を一定の角度で回してさまざまな方向から撮影する。この時，回転台をどれだけの角度ごとに回転させるかを検討することが重要である。

　次の図は壺を回転台上で撮影している様子である。この場合，回転台を30度ずつ回転させ，一回りを12方向から撮影している。また背景は白い紙など単調にするとよい。左右からの照明光はトレーシングペーパーを通して当てている。

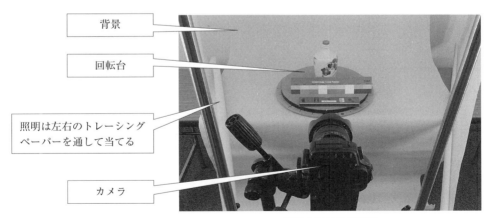

回転台での撮影装置

第9章　撮影記録の基礎　　135

9.3.3 撮影メモの活用

静止物の撮影に限らないが，撮影記録では必ず撮影メモを残すようにする。後の処理に不可欠である。撮影メモの事例を次に示す。

撮影日・時刻 年　月　日 時　　分	番号	撮影場所	撮影内容	備考

撮影日・時刻は撮影の開始時と終了時を記入する。番号は撮影の順序やファイル番号などを記入しておく。撮影場所は撮影対象の所在地や撮影場所などを記入する。撮影内容は撮影対象や祭りなどの内容について記入する。のちに編集やデータ化する際に役立つ内容を記入する。

9.4 全方位撮影

9.4.1 魚眼レンズを用いた撮影

ある地点でその周辺の全領域を記録したいことがある。例えば，ある植物がどのような環境で生育しているかを記録するため，その周辺の地形や植物などを撮影する。このような場合，その地点を中心として360度の空間を撮影するために魚眼レンズを用いた映像を合成することで実現できる。今日では簡易なカメラが販売されているが，魚眼レンズやスマートフォンなどのカメラ用のアダプタとして販売されているアダプタレンズを用いた映像と処理ソフトを用いることで実現できる。

魚眼レンズや魚眼アダプタを用いて撮影した映像は，視野が180度（それより広い角度もある）の範囲が1枚の映像として記録できる。すなわちカメラの前方180度の視野が1枚の画像として得られる。基本的には前方と180度回転した後方の2枚の画像をパノラマ合成ソフトで合成することによって，カメラの位置を中心として水平方向，鉛直方向ともに360度の領域を1枚の画像とすることができる。120度ごとの3枚撮影すると安心である。

魚眼レンズを装着したカメラで前方と後方の2方向（場合によっては120度ごとの3分割）撮影する。

次に示す事例は，ある土地で魚眼レンズを用いて撮影した3枚の画像である。

魚眼レンズで撮影した3枚の画像

上図を合成して得られた全方位画像を，上下2枚と前後左右4枚の合計6方向に展開して示すと次の図のようになる。実際にはスクリーン上でマウス操作によって自由な方向を向いた映像が見られる。なおこの事例では床面に方位磁針が写し込んであり，方位も記録してある。

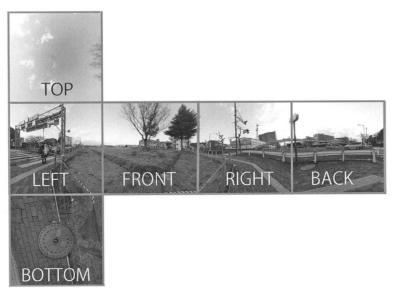

3枚を合成した全方位画像の展開図

9.4.2　全方位撮影機能をもつデジタルカメラの活用

　最近のデジタルカメラには幅広い視野の範囲を1枚の映像に記録するパノラマ撮影の機能を有するものがある。この機能を活用すれば幅広い領域やさらには360度の範囲を1枚の映像として記録できる。

　活用事例として，次のようなものが考えられる。植物は周辺の樹木や方位等に影響されることが多く，植物の生育状況を記録するためには周辺の様子も合わせて記録することが求められる。また伝統的な建造物では風向きや他の歴史的な建物等との関連で配置されていることも多い。その場合，周辺の状況も記録することが求められる。

　この機能を活用した全方位撮影では，円筒形状のパノラマ画像を得ることが容易で，上下（天地）方向が不要な映像の記録には好適である。

　次にある公園で記録したパノラマ画像の例を示す。視聴する際には，マウスの操作により，撮影個所（図の中心位置）からみた任意の方向の映像を見ることができる。

円筒形状のパノラマ画像

　全方位撮影では，カメラ周辺の様子をすべて記録することになるため，人物や建物などが映り込んでしまうことからプライバシーの問題が発生しやすい。特に最近のデジタルカメラは高精細な記録ができることから，拡大すると細部まで見えてしまうことがある。撮影時に気付かなくても処理後に写り込みに気付くことが考えられる。このため，数十年後に利用する長期保存では問題ないが，現在利用（短期保存）では問題が生じることがあるため，撮影や利用には十分注意する必要がある。

9.5　オーラルヒストリーの撮影記録

　地域の古老，地域で活躍されている人，災害時の関係者の話，地域の産業，文化活動，戦中・戦後における地域の状況など，地域に関する様子を話せる人々から聞き取りをし，記録することは重要である。これらのオーラルヒストリーの取り組みはさまざまな方面で進められている。今後，関係する文書等も含めて地域の状況をデジタルアーカイブ化することは，歴史や文化の伝承に役立つとともに，地域の活性化にも寄与するものと考えられる。

9.5.1 地域の人々の声を残す

また自分史としてデジタルアーカイブ化が多くの人によって取り組まれるようになり，新しいパーソナルな歴史資料として大切にしたい。

歴史の中で多くの文書が残されてきたが，デジタルアーカイブを用いたオーラルヒストリーは，これまで残らなかった地域の人々の声を，映像や資料（文書，写真等）と合わせてデジタル化し，次の世代へ伝えることができるようになった。地域の身近な人々の声がデジタルアーカイブを媒体にして歴史のひとコマとして残すことができる。

9.5.2 オーラルヒストリーの記録の構成

地域の人々による各種のオーラルヒストリーでは，話の他に関連するさまざまな資料を記録保管することが望ましい。映像の他に，次のような資料も合わせて保管するとよい。

①映像の文字起こし（文書）……オーラルヒストリーを文字に起こし，文書でも見られるように記録する。

②話の背景となる資料……オーラルヒストリーにあたって用いた社会的，歴史的な背景・関連する資料を，著作権等の問題とならない範囲で記録する（写真，文書，地図等）。

③図書……話に関連する本人の著作物等を著作権等の問題とならない範囲で記録する。

9.5.3 オーラルヒストリーの撮影

オーラルヒストリーの撮影前には，話者に，何をどのように話してもらうか（ただし話の内容は話者に任せる），事前の打ち合わせを行う。

オーラルヒストリーへの参加者は少人数（2〜3名）がよい。参加者には，話者の話の流れを阻害する話題はさけ，また，参加者自身の意見で話者を誘導することのないよう注意する。

9.5.4 場面の設定

会場は話しやすい場所（話者の自宅，近所の施設等）を利用するとよい。照明は，話者の表情をうまくとらえられるような明るさに設定し，音声は明瞭に集音・記録できるように準備する。室内の反響，外部からの音の侵入などを防止する。ピンマイクや指向性の強いマイクを用いるとよい。また，図表，書籍，写真などの資料を併用する場合は，それらの提示方法を検討する。パソコン等の提示装置を用いる場合にも，提示方法を検討する。

オーラルヒストリー撮影の様子

9.5.5　撮影後の処理

撮影ののち，次のような処理を行う。

(1) 文字化と用語のチェック

初めに話の内容を文字に起こし，用語に差別的な言葉やプライバシー面で不適切な言葉が用いられていないかをチェックする。

(2) 関連資料の整理と保管

オーラルヒストリーの中で話者が提示した資料は，関連資料としてデジタル化して保管する。さらに，提供された資料をデジタル化し，必要な資料をオーラルヒストリー映像の中に提示する。また今後の活用に配慮して別のデジタルアーカイブとして保管する。

さらに，話の内容に関連のある資料や図書を調べ，必要な資料は図書も含めてデジタル化し，デジタルアーカイブとして各課題（テーマ）別にオーラルヒストリーと併せて保管する。

9.5.6　事例

次ページの画像左は木田宏先生による戦後日本の教育行政についての話を記録し，関連資料とともに映像・音声によって収録したものである。

画像右は，沖縄在住の仲本氏による，戦中及び戦後を生きた少年による体験談をオーラルヒストリーとしてまとめた事例である。

　　　木田宏オーラルヒストリー　　　　戦中・戦後の子どものオーラルヒストリー

9.6　高い位置（上空）からの撮影記録

　地域文化資料では，地域の様子，建物全体，自然環境など上空から撮影した資料を次の世代に伝承し，観光や地域教材として活用したい資料が含まれる。

　例えば，川の源流から河口までの映像，輪中の全体的な様子，建築物の全体映像などは，上空からの撮影が求められる。

　これまでに実際に行われた方法として，次の方法がある。

・ヘリコプターからの撮影
・クレーン車を利用した撮影
・ドローンを利用した撮影

　撮影方法は地域文化資料の対象によって異なる。そこで上空からの撮影に，どのような方法を採用するか検討するための事例を紹介する。

9.6.1　ヘリコプターからの撮影

　川の上流，中流，河口の様子や輪中のような広い領域全体の様子などの撮影にはヘリコプターが使われている。

　次の事例は，長良川の源流から河口までをヘリコプターによって撮影した一例である。

　　　長良川河口付近　　　　　　　　　輪中内の排水機場上空

　「長良川の水文化」（岐阜県・長良川デジタルアーカイブプロジェクト）では，長良川の源流域から河口までをヘリコプターを使って撮影した。この時，川の上空には送電線が張られている個所があり，地上から一定の高さで連続して撮影することは困難であった。
　輪中については地上からでは全体の様子を見ることができないため，ヘリコプターを使った撮影を行った。
　今後はこのような広い領域の撮影にはヘリコプターを使った撮影ではなくドローンを活用した撮影になるであろう。

9.6.2　クレーン車（高所作業車）を利用した撮影

　ヘリコプターやドローンを利用した撮影が困難な場所での撮影には，クレーン車を使った撮影が考えられる。例えば周辺に障害物が多い場所や安全性への考慮が必要な場所であったり，宗教上の理由等で上空をヘリコプターやドローンを飛ばせない場所がある。その時は，クレーン車を使うことで実現できる場合がある。

9.6.3　ドローンを利用した撮影

　今日では，神社や建物など，地域文化資料の上空からの撮影には，ヘリコプターやクレーン車のように専門会社に依頼することがなく，ドローン操作の資格を有したデジタル・アーキビストが関連機関による許可のもとでドローンを活用して撮影することが多くなるものと考えられる。下の写真は，岐阜女子大学においてドローン撮影実習を行っている様子である。

ドローン撮影実習風景　　　　　　飛行中のドローン

9.6.4　ドローンのデジタルアーカイブでの利用

　今日，ドローンの開発が急速に進み，それとともに身近なところで使われるようになった。ヘリコプターや従来のラジコン飛行機・ヘリコプターに比べ，上空から撮影しやすいため，デジタルアーカイブの記録に有効であるといえる。

　特に災害が発生した箇所や貴重な文化的価値の高い建造物の撮影には好都合なことが多い。

　ドローンにはデジタルカメラやデジタルビデオカメラを搭載することができ，さらに無線によって画像データを地上に送ることもできるため，リアルタイムで画像の視聴や記録ができる。

　ドローンを活用した撮影記録の場面を次に例示する。
・文化的建造物
・地形，植生など地表の様子
・災害の様子
・動物の生態
・祭りなど伝統的行事の進行の様子
・農作物の生育状況調査

　従来，植生の調査には人工衛星が取得した画像データが用いられていたが，狭い範囲の様子や短期間の調査にはドローンがより好都合であるといえる。

9.6.5　ドローン操縦のための資格・許可等

　一時期，ドローンの飛行についてその利用目的や安全性などの面で大きな懸念が議論された。その結果ドローンの飛行には制約が設けられている[4]。

　現時点で無人航空機の飛行にあたって許可が必要となる空域は，国土交通省が次のように定めている。

- ・空港等の周辺の上空
- ・人口集中地区の上空
- ・150m 以上の高さの空域

　これらの情報は，国土地理院及び総務省統計局等のホームページ等から確認できる。

　一方，ドローンはデジタルアーカイブの撮影記録にたいへん有効であることから，今後，デジタル・アーキビストに求められる技能になるものと予想され，デジタル・アーキビスト養成の関連機関では資格設定に向けて準備が進められている。

9.7　3D スキャナ，3D プリンタの利用

　遺跡からの出土品などの立体的な資料については，3D スキャナを用いた3次元計測によって得られるデータをデジタルアーカイブとして保管し，さらにそのデータを3D プリンタで復元することが可能になってきた。特に地域文化資料の中には土偶のような立体物を保管し，必要に応じて利用する，新しいデジタルアーカイブが始まっている。

　立体物の保管とレプリカの作成は，デジタルアーカイブの重要な分野になってきている。例えば，地域で用いられていた昔の土器の形状や模様などを立体データとしてアーカイブ化し，メタデータとともに保管することで後世に伝承できる。さらにデータから3D プリンタを用いてレプリカを作成することにより，立体状態での教材，観光資料，博物館での展示・研究など，多様な活用ができ，今後は地域の活性化にも利用されることが見込まれる。

9.7.1　3D スキャナの利用と提示

　3D スキャナを用いた立体物の計測では，デジタルカメラによる撮影に比べて物体の形状を三次元データで計測・記録することから高精度な記録ができる。計測データを用いて，スクリーン上に自由な方向からの観測映像を提示することができる。さらに3D プリンタに適用すれば，高精度なレプリカを再現できる。

　出土品では多くの場合，複数の破片として出土する。それらをつなぎ合わせて全体を構成する作業が必要になるが，破片群を3D スキャナで計測し，画面上で結合することが可能になる。

　さらに3D スキャナを活用して貴重な文化資料の展示や教材，観光資源としての活用等が見込まれる。

次の図は簡易な3Dスキャナでアンモナイトの化石を計測し，計測結果を画面上で提示している例である。

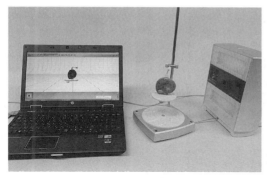
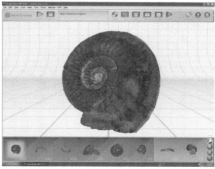

3Dスキャナでの計測風景　　　　3Dスキャナによるアンモナイトの計測例

9.7.2　3Dプリンタの利用

地域の立体地形，土器等の古い文化財，建物，工芸品等に関する立体計測されたデジタルアーカイブ資料を用いて作成したレプリカ等は，観光，教育，博物館での展示等に活用することで地域の活性化に広く利用できる。

9.8　撮影の際のさまざまな工夫事例

地域文化資料の撮影記録を実践する場合，撮影現場や撮影対象等に応じて工夫をしながら作業を進めなければならないことが多い。いくつかの実例を紹介する。

9.8.1　補助的な照明が使えない

夜の舞の場面や伝統的な行事ではストロボや照明を使うことができないことや，場面によって禁止されることがある。次の写真は伝統的行事での様子を記録したものである。左は毛越寺で行われる二十日夜祭での延年の舞の「祝詞」といわれる演目，右は白鳥町で踊られる白鳥拝殿踊りの場面で，下駄の音を響かせて踊ることが特徴的である。いずれもうす暗い中での行事である。

このような場面では，カメラの感度を高めて撮影すること，カメラブレを防ぐためにコンパクトな一脚を使用するなど工夫が必要である。そのため，主宰者との綿密な打ち合わせが求められる。

毛越寺における「祝詞」撮影　　　　　　　　白鳥拝殿踊りでの足元の様子

9.8.2　被写体表面やガラス，水面等での反射を防ぐ

　被写体の表面がガラス質で表面反射が大きいと，被写体の本来の色が映りにくい。例えば春先の青葉の撮影では，葉の表面での反射光で本来の葉の色が打ち消されてしまう。その際，偏光フィルタをレンズの前面に装着すると葉の表面での反射光を軽減することができる。次の写真は，ショウウインドウの内部を撮影しようとしたところであるが，左側の偏光フィルタを使用しないで撮影した映像ではガラスの表面に外部の景色が映っており，内側が見にくい。右側の映像は，偏光フィルタを装着してガラスの表面での反射を軽減したもので，内部が見やすくなっている。外部が明るいときに一層内部が見にくくなる。

偏光フィルタなし　　　　　　　　　　　　　偏光フィルタあり

9.8.3　黒い布などの影に隠れて撮影する

　ガラスの正面から撮影しなければならない場合や，多視点撮影で多数のカメラでの撮影の場合にどうしても向かいのカメラに写り込んでしまう場合がある。このような場合には，カメラの位置を暗くすることや，写り込むカメラ及び撮影者全体を暗幕等の影に隠れて撮影する方法が有効である。この方法は，接写撮影で資料にガラス板を載せて撮影する場合にも応用できる。

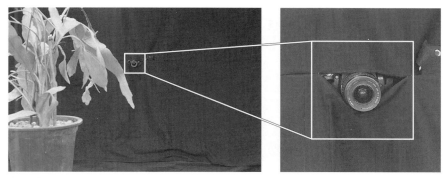

点撮影で，対角線上の位置に配置したカメラに写り込まないよう，暗幕の後ろ側にカメラを配置する

■注
1：カメラの使い方等，技術的な基本事項については他の一般的な解説書を参考にされたい。
2：マイクの「指向性」とは，マイクが拾える音の範囲の角度の度合いを表しており，「指向性が狭い（強い）」とは狭い範囲の音を集中的に感知すること，「指向性が広い（弱い）」とは広い範囲の音を感知することをいう。例えば小鳥のさえずりを録音したい場合，できるだけ小鳥が発する声だけを感知したいので指向性が狭い（強い）マイクを使用する。この時，指向性が広い（弱い）マイクを使用すると，小鳥のさえずり以外にも周辺から発せられる川の流れや風の音なども感知してしまう。話者が多数の場合は，指向性の強いマイクを複数台用意するとそれぞれの声を平等により鮮明な声で記録できる。
3：岐阜女子大学で注文して業者に製作してもらったこともあるが，現在では市販品がある。パソコンなどで複数のカメラを操作することも可能である。
4：関連の法律，ガイドライン，申請方法等については，国土交通省はじめ，関係機関のホームページが参考になる。

■参考文献
御厨貴『オーラル・ヒストリー：現代史のための口述記録』（中公新書）中央公論新社，2002.

第10章　地域文化資料の選定評価項目

資料を収集・保存（保管）し，利用に供するにあたり，資料の保存（保管）の適否を選定するための評価の観点については，これまでは，主として，保存（保管）期間や保管・流通の適否，および慣習・権利（著作権，個人情報保護・プライバシー，所有権等），利益等の観点で選定されていた。しかし，デジタルアーカイブの対象となる資料は多様化し，さらにクリエイティブコモンズの利用など，これまでの評価に加え，次のような観点への配慮も必要となってきた。
　①保管・流通利用目的
　②慣習・権利（著作権，個人情報保護・プライバシー，所有権等）・利益
　③社会的背景（地域の人々などの心情的な背景）
　④文化的内容の適否
　⑤利用者の状況（教育的な配慮も含む）
　⑥利用環境（提示利用の状況）
　⑦保管の安全上の課題（国内外の社会的背景・状況）
　この7つの選定評価の観点について，デジタルアーカイブの対象となる資料に適用する場合，それぞれどのような課題があるか次に示す。

10.1　保管・流通利用目的

　資料の保存（保管）内容を，流通や利用の目的に適った形式で保存することが可能かどうかを考慮する。
　どのような目的で利用するデジタルアーカイブであるのか，どのような範囲（対象者）にむけてのものであるのか検討する。保存（保管）期間等の検討も含まれる。

10.2　慣習・権利（著作権，プライバシー，所有権等）・利益

10.2.1　慣習

　デジタルアーカイブにおける慣習とは，地域社会に古くから伝わる儀礼・信仰等を指す。
　デジタルアーカイブが対象とする地域資料，伝統文化資料等には，地域で古くから大切にされてきたきまり，または人々の思いが込められていることが多い。資料の選定評価にあたっては，慣習について理解し，配慮する必要がある。

10.2.2　権利

　デジタルアーカイブにおける権利とは，対象となる資料に関わる，著作権，個人情報保護・プライバシー・所有権（民法）等の諸権利を指す。
　デジタルアーカイブで対象とする資料（素材）を記録（撮影）する場合，資料を利用してコンテ

ンツ化(データベース登録やホームページ製作)する場合,それらをさまざまな媒体で公開する場合,それぞれに,諸権利に対して配慮する必要がある。

(1) 著作権

著作権法第1条(目的)では,「この法律は,著作物並びに実演,レコード,放送及び有線放送に関し著作者の権利及びこれに隣接する権利を定め,これらの文化的所産の公正な利用に留意しつつ,著作者等の権利の保護を図り,もって文化の発展に寄与することを目的とする」とある。文化の発展のために,著作をした人の権利を保証することにより,著作を支援すること,他者の著作物を円滑に利用できるようにすることが必要であり,それを法律にしたのが著作権法である。

著作権法で保護される対象には,著作権(財産権)と著作者人格権がある。著作権(財産権)は他者に譲渡することができるが著作者人格権は譲渡できない。

■著作権(財産権)

著作権(財産権)とは,著作者に無断で他者に著作を利用されないという権利である。主な内容には次のものがある。

複製権……無断でコピーさせない権利。

公衆送信権……無断での放送や上演などを禁止する権利。社内のサーバに掲載することも含む。

貸与権……著作物のコピーの貸与により公衆に提供するのを禁止する権利。

翻訳・翻案権……勝手に他人の著作物を翻訳したり翻案したりしてはならないという権利。

■著作者人格権

著作者人格権は,著作者の名誉を守り,不快な事態になることから保護する権利である。主な内容には次のものがある。

公表権(第18条)……著作物を公表するかしないか,いつ,どのような方法で公表するか等を決める権利。

氏名表示権(第19条)……著作者の氏名を本名にするかペンネームにするか匿名にするかを決める権利。

同一性保持権(第20条)……著作物の題名や内容を勝手に変更させない権利。

■著作隣接権

例えばレコードをコピーするとき,その著作権者には作曲家だけではなく,演奏者やレコード製作者など,その作品に関与した人たちも著作権をもつ。そのような著作隣接者の権利を著作隣接権という。

(2) プライバシー・個人情報保護

個人情報保護法は正式には「個人情報の保護に関する法律」(平成十五年法律第五十七号)という。この法律は,OECD(経済協力開発機構)理事会によって採択された「プライバシー保護と個人データの国際流通についての勧告」は8つの原則から成っており,通称「OECDプライバシーガイ

ドライン」等と呼ばれている。

8つの原則は以下の通りである。

■ OECDの8原則

①目的明確化の原則

個人データの収集目的は，収集時よりも遅くない時点において明確化されなければならず，その後のデータ利用は，当該収集目的の達成又は当該収集目的に矛盾しないでかつ，目的の変更毎に明確化された他の目的の達成に限定されるべきである。

②安全保護の原則

個人データは，その紛失もしくは不当なアクセス，破壊，使用，修正，開示等の危険に対し，合理的な安全保護措置により保護されなければならない。

③収集制限の原則

個人データの収集には，制限を設けるべきであり，いかなる個人データも，適法かつ公正な手段によって，かつ適当な場合には，データ主体に知らしめ又は同意を得た上で，収集されるべきである。

④利用制限の原則

個人データは，明確化された目的以外の目的のために開示，利用その他の使用に供されるべきではないが，次の場合はこの限りではない。

　a．データ主体の同意がある場合，又は
　b．法律の規定による場合

⑤データ内容の原則

個人データはその利用目的に沿ったものであるべきであり，かつ利用目的に必要な範囲内で正確，完全であり最新なものに保たれなければならない。

⑥公開の原則

個人データに係わる開発，運用及び政策については，一般的な公開の政策が取られなければならない。個人データの存在，性質及びその主要な利用目的とともにデータ管理者の識別，通常の住所をはっきりさせるための手段が容易に利用できなければならない。

⑦個人参加の原則

個人は次の権利を要する。

　a．データ管理者が自己に関するデータを有しているか否かについて，データ管理者又はその他の者から確認を得ること。
　b．自己に関するデータを，
　　1）合理的な期間内に，
　　2）もし必要なら，過度にならない費用で，
　　3）合理的な方法で，かつ
　　4）自己にわかりやすい形で，

自己に知らしめられること。
　　c．上記a及びbの要求が拒否された場合には，その理由が与えられること及びそのような拒否に対して異議を申し立てることができること。
　　d．自己に関するデータに対して異議を申し立てること，及びその異議が認められた場合には，そのデータを消去，修正，完全化，補正させること。
⑧責任の原則
データ管理者は，上記の諸原則を実施するための措置に従う責任を有する。

■個人情報保護法5つの原則
　①利用方法による制限……利用目的を本人に明示する。
　②適正な取得……利用目的の明示と本人の了解を得て取得する。
　③正確性の確保……常に正確な個人情報に保つ。
　④安全性の確保……流出や盗難，紛失を防止する。
　⑤透明性の確保……本人が閲覧可能であること，本人に開示可能であること，本人の申し出により訂正可能であること，同意なき目的外利用は本人の申し出により停止できる。

■個人情報とプライバシー
　個人情報は，①公知情報（氏名や住所等），②非公知情報（職業や学歴等広くはしられたくないもの），③機微情報（思想・宗教等秘密にしたいもの）に区分される。個人情報保護法では，公知情報も含むすべての情報を対象にしており，氏名と住所のみの資料も個人情報の対象になる。個人情報に似た概念にプライバシーがある。その概念は近年個人情報保護と近くなってきたといわれている。

（3）所有権（民法）
　所有権は，物権の一つであり，民法に規定され，第206条には，所有権の内容が次のように規定されている。「所有者は，法令の制限内において，自由にその所有物の使用，収益及び処分をする権利を有する」。
　所有権とは，所有するものを自由に使用，収益，処分をすることができる権利であり，物権の中でも強力な権利であり，全面的支配権といわれている。
　デジタルアーカイブの対象となる資料は，古くから伝えられてきたものも多く，古くからの建造物や物品には，著作権が消滅していることも多い，しかし，所有権は有効であり，所有者との権利処理等は必要になる。

10.2.3　利益

経済的な意味での損益だけでなく，地域の人々，人々がもつ価値観，名誉に対して損益を与えていないか配慮する必要がある。

10.3 社会的背景（例：各分野のガイドライン等が必要）

　社会からの要請，記録者への心情的な配慮が必要である。各分野でどのような配慮が必要であるかデジタルアーカイブ化のガイドラインが必要である。また，ガイドライン設定に際しては，撮影上の配慮と併せ，長期的な視点での選定評価が必要となる。

　社会的背景は，地域社会の課題であるが，デジタルアーカイブで広く流通させると世界の人々が見る。また，地域社会の中での人間関係，経済的な関係，昔からの慣習，地域の対立，政治的な関係，ときにはいじめなどの子どもの社会の関係など多様な課題を取り扱うため，今後，分野を分けてガイドライン等の作成が望まれる。

10.4 文化的内容の適否

　デジタルアーカイブの資料として，保存（保管）に適する内容か否かを文化的・学術的視点から選定する必要がある。

　踊り等の伝承にあたり，所作の間違いの指摘等，文化的な専門性が求められる。例えばいかに上手な踊り手でも決して完全な踊りはできず，1～2カ所はミスがあるといわれている。このとき，専門家によるチェック（評価）もデジタルアーカイブに記録する必要がある。将来，古くから記録されている（伝承されてきた）内容であることから正しいとされる可能性もあり，文化を伝える立場で，いかに正確な情報を次の世代に伝承するかが課題である。このような事項はデジタルアーカイブのすべての分野で注意すべきことである。

10.5 利用者の状況（教育的な配慮も含む）

　デジタルアーカイブの利用対象者の専門性や年齢等の特性から，利用可能な資料を選定する必要がある。

　例えば，学校教育で利用するデジタルアーカイブでは，学習者のレベルに適した教材を用意し，有害な情報は排除する等の配慮が必要である。また，幼児や高齢者に対してはそれぞれに適した資料をデジタルアーカイブから選定し，提示する必要がある。

10.6 利用環境（提示利用の状況）

　デジタルアーカイブを提供する際に用いる機器や場所等，利用環境に配慮して資料を選定する必要がある。ただし，長期保存する資料については，将来，デジタルアーカイブ製作環境に進展があることを想定し，現在の環境にかかわらず，収集・保管する必要がある。

利用環境として最も重要な事項は，将来に向けての利用を配慮したデジタルアーカイブの構成である。数十年，数百年後に使うとき，どのような問題が出てくるのか検討する必要がある。

10.7　保管の安全上の課題（国内外の政治社会的背景・状況）

特定の情報が存在することにより，国際的なサイバーテロ等によるファイルの破損等，保管に予想されるセキュリティの問題に備える必要がある。場合によっては，将来の利用を優先して長期保存し，現状での流通はしないという考え方もある。

この問題は社会的背景とも関連している。国内外の政治的，歴史的，思想的な背景により，関係者にとって不都合な事項が記録されていると，問題視される場合もある。

10.8　選定評価の事例①：オーラルヒストリーのデジタル化と課題

オーラルヒストリー（oral history）とは，直訳すると，「口述歴史」であり，個人や組織の歴史や経験（記憶）を聞き取りし，記録を作成して保存し，利用に供すること，後世に伝えることを意味する。アメリカのオーラルヒストリー研究分野の第一人者といわれるポール・トンプソンは，著書の中で，「一般的に，あらゆる種類の人々の人生経験が，生の史料として歴史研究に使われるようになれば，新しい方向性が歴史に与えられる」[1]としている。

しかし，個人や組織の歴史や経験（記憶）には，個人情報やプライバシーをはじめとした，さまざまな事項に対して配慮が必要となり，オーラルヒストリーのデジタルアーカイブにあたっては，話者や話の内容に応じて，各選定評価項目に沿った確認を入念に行う必要がある。

選定評価の7つの観点が，実際のデジタルアーカイブにおいて，どのように考えられ，対応するか，照屋小百合・眞喜志悦子（岐阜女子大学院生・当時）が製作した「戦中・戦後の子どものオーラルヒストリー」デジタルアーカイブを例に記す。

「戦中・戦後の子どものオーラルヒストリー」デジタルアーカイブは，幼少期に沖縄戦を体験した仲本氏が，その当時の状況や心情について語った話をデジタルアーカイブ化したもので，7つの選定評価項目に従って，検討を行っている。

選定評価について検討した観点は以下の通りである。

①保管・流通利用目的

仲本氏の「戦中・戦後の子どものオーラルヒストリー」デジタルアーカイブの管理内容や流通利用などの構成目的に対応した資料の保管。

②慣習・権利（著作権，プライバシー，所有権等）

　a．慣習

　　仲本氏のオーラルヒストリーに登場する地域社会に古くから伝わる慣習・信仰心などに関する資料の選定に配慮。

b．権利
　　　仲本氏のオーラルヒストリーを撮影するにあたり，著作権，個人情報保護・プライバシーなどの諸権利に対して配慮し，仲本氏にも確認をする．
　　c．利益
　　　経済的な意味での損益だけでなく，沖縄の人々がもつ価値観，名誉に対して損益を与えていないかについての配慮．
③社会的背景評価
沖縄戦や話の内容，対象者に関わる心情的な配慮や社会的な背景への配慮．
④文化的内容の適否
オーラルヒストリーの内容を文化的・学術的視点から選定評価し，必要に応じて内容の追加等を行い，長期保管に必要な情報やメタデータ等も含め，その適否を検討する．
⑤利用者の状況（教育的な配慮も含む）
「戦中・戦後の子どものオーラルヒストリー」デジタルアーカイブが学校教育の教材等で使われることを想定し，利用者の専門性や年齢等の特性を判断し，利用可能な話を選択．
⑥利用環境（提示利用の状況）
「戦中・戦後の子どものオーラルヒストリー」デジタルアーカイブを利用するための提示機器や場所等，利用環境による資料の選定．
⑦保管の安全上の課題（国内外の社会的背景・状況）
沖縄戦や話の内容に関する特定の情報の存在により危惧される不正アクセス，サイバーテロ等に国内外でのセキュリティの問題への配慮．

これらの観点から，現状での利用・公開が困難であると判断したものは，以下の事項であった．
①現在生存されている人のプライバシーにかかわる話であること
②米軍等の行動で，提示に配慮が必要と判断した事項
③セキュリティの問題（国内外からの不正アクセス・ファイルの破壊等）に発展する恐れのある事項
④著作権や関係者の思い等，時間の経過により解決できる可能性はあるが，現状では困難な事項
　上の①～④により，利用・公開が可能になるまで長期保管するものとする．利用・公開が可能になるのが，数十年先か数百年先かは現時点では不明であるが，将来的には利用・公開され，役立てられると考える．

10.9　選定評価の事例②：産業遺産のデジタル化と課題

「産業遺産」は，当初，鉱工業を中心とした産業の「考古学」的な遺産が念頭におかれたが，多様な産業，稼働中の産業（稼働遺産）も含めて語られることもある．近年では「産業遺産」に含ま

れる資料群も多岐に渡り，さらにその相互の関係性も含まれることがある。2015年世界遺産のリストに載った「明治日本の産業革命遺産　製鉄・製鋼，造船，石炭産業」はさまざまな産業，稼働中も含めた遺産であり，その関係性を重視した遺産群である。このように「産業遺産」の定義や構成要素などの解釈は変化している。近年では，「歴史的・技術的・社会的・建築学的，あるいは科学的価値のある産業化の遺物からなる」[2]遺産とするニジニー・タギル憲章がある。

日本では，1990年以降文化庁が指定する「近代化遺産」が「産業遺産」とほぼ同等の意味をもち，幕末以降，第二次世界大戦までの鉱工業の建造物をさすことが多かった。2007年以降経済産業省では「近代化産業遺産」として，建造物以外の機器や文書（教育マニュアルなど）も含めた遺産をリスト化している。デジタルアーカイブによる「産業遺産」関係資料収集過程では，特に「産業遺産」の稼働終了年によっては，より詳細な稼働時の記憶などを比較的容易に採集・記録することができる。

ここでは，現在進めている日本の特定地域における炭鉱関係資料収集，デジタルアーカイブの過程において，他の産業遺産関係の資料収集においても必要と考えられた選定評価の例を紹介する。

①保管・流通利用目的

「産業遺産」は遺棄され「廃墟」であった建造物であったことも多い。「産業遺産」とされ得るさまざまな価値判断を示す資料，情報を記録・保存する。

②慣習・権利（著作権，プライバシー，所有権等）・利益

　a．慣習

　　稼働していない「産業」であっても，対象となる地域には，それらが残した祭や慣習が地域文化として伝承されていることがある。民俗学的な視点が必要とされる。

　b．権利

　　比較的近年まで稼働していた「産業遺産」の場合，関係する企業や個人が存在する可能性がある。当時を記録した各種情報については，取り扱いに注意する。

　c．利益

　　結果的に地域の歴史等を記録保存することになり，教育，観光産業等への転用が考えられる。比較的近い時代を扱うため，特にプライバシー等の不利益，関連企業等を考慮する必要がある。

③社会的背景評価

「産業遺産」に関しては，継続・関連企業や関係した人々，地域などとの背景や関係に留意する。時にはさまざまな許可・申請が必要な場合もあり，関係する団体や企業などに配慮，連携する必要がある。「近代化」を扱うとき，近隣諸国との関係にも留意する。

④文化的内容の適否

特に「産業遺産」に含まれるさまざまな技術的遺産を記録する場合は，その分野に詳しい者，あるいはその産業に従事した者など，多数の意見を反映した記録を行う。また，同じ「技術」を他地域では異なる使用・名称で用いることがある。他地域との関係など，多面的な視点をもって理解する必要もある。

⑤利用者の状況

近年，産業遺産は地域の文化的経済的な素材として求められることもある。教育，観光の視点，利用者が多岐に渡る可能性がある。

⑥利用環境

短期的な資料の提示だけではなく，長期的に資料がさまざまな場面で再利用され得ることを想定した管理，提示方法が必要となる。

⑦保管の安全上の課題

社会的・歴史的な問題とされる事象が含まれる可能性もあることから，情報の収集・保存には特に留意する。

「産業遺産」は比較的近年まで稼働，資料の著作権者が存命あるいは著作権が消失していないことが多い。そのため，過去に収集された資料が有効利用できないことがある反面，当時を記憶する人々によって生きた情報を得られる可能性がある。博物館，文書館，図書館等で収集されてきた資料の活用の可能性とともに，文化や歴史を途切れなく伝承できるよう工夫が必要である。現在の法関係，収集方法などでは，貴重な歴史資料が紛失・散逸する可能性がある。それらを補う可能性があるのが，新しい意味での資料収集であり，デジタルアーカイブの手法であり，従来行われてきた民俗学的・社会学的手法が参考になると考えられる。

こうした資料収集の例は，対象とした地域の文化・歴史を伝える作業と重なる。「産業遺産」をもたない地域での，「地域の歴史」を記録する方法としても生かされるだろう。

■引用文献

1：ポール・トンプソン著，酒井順子訳『記憶から歴史へ：オーラル・ヒストリーの世界』青木書店，2002, p.23.
2：TICCIH. The Nizhny Tagil Charter for the Industrial Heritage. 2003, p.6, http://ticcih.org/about/charter/, (accessed 2017-08-31).

■参考文献

経済産業省「近代化産業遺産」 http://www.meti.go.jp/policy/local_economy/nipponsaikoh/nipponsaikohsangyouisan.html,（参照2017-09-01）．

文化庁「世界文化遺産特別委員会　第1回参考資料1-8世界遺産における産業遺産について」（平成18年）　http://www.bunka.go.jp/seisaku/bunkashingikai/bunkazai/sekaitokubetsu/01/sanko_1_8.html,（参照2017-09-01）．

第11章　地域文化資料の保存（保管）と利用

11.1 資料の長期・短期保管と利用

11.1.1 利用者が使いやすい資料保管のために：Item Pool, Item Bank とメタデータ

　デジタルアーカイブはさまざまなデジタル資料を収集，整理，保管した上で，利用に供するという機能をもっている。特に，デジタル資料を整理し保管する際には，その資料が何であるのか，どのような内容なのか等の「資料に関する情報」（メタデータ）を付与し，管理者と利用者双方が管理，理解，利用しやすいデータ保管の構成が必要である。

　そのデータ保管の構成は Item Pool と Item Bank がある。Item Pool はデジタルアーカイブとして収集した原資料データの一時的な保管の役割を担い，Item Bank はデジタルアーカイブの利用目的により選定評価を行い，これに適した資料データを保管の役割を担う。

　Item Pool……収集した資料データを記録したそのままの状態で，一時的に保管するデータベース。
　Item Bank……資料データを利用目的により，短期・長期の保管と利用に分けて保管するデータベース。

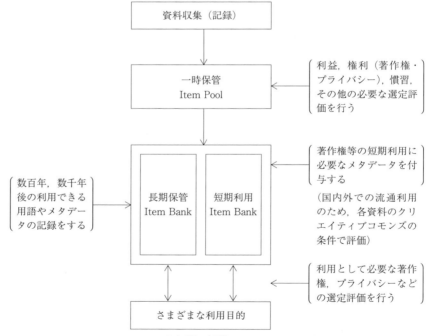

Item Pool と短期・長期 Item Bank の関係

さらに Item Bank は利用目的に応じて資料を選定評価し，長期 Item Bank と短期 Item Bank に分類される。

長期 Item Bank……長期利用。著作権等が問題にならなくなる「長期（数十年から数百年，数千年後）の保管と利用」を考えるものである。後世の人々への資料の継承および利用を目的としている。

短期 Item Bank……短期利用。「短期（現在から数十年後）の利用と保管」を考えるものである。現代の人々への資料の発信および利用を目的としている。

また，このように長期利用と短期利用を区別することで，記録に関する課題を解決できる場合もある。

例えば，資料を撮影記録する際，著作権等の問題でデジタルアーカイブの記録が困難な場合（提供者との許諾等）もあるが，長期 Item Bank の場合，利用目的が現時点の利用ではなく，後世の人々への継承等を目的にしていることから，撮影記録に一定の理解が得られた事例もある。

その他，資料利用の可能性，資料提供の諸条件の解決方法としての働きが期待できる。

これまでメタデータは，主に収集，記録，保管の観点から管理者がわかりやすい構成で作成されてきた。しかし，今後は，Item Pool，短期 Item Bank，長期 Item Bank の利用目的に適したメタデータの検討が必要となる。

11.1.2 資料の短期 Item Bank

短期 Item Bank では，管理者が必要とするメタデータのみでなく，利用者のニーズに応じた，わかりやすいメタデータの構成が必要となる。

(1) 利用者が知りたい項目や関連資料等の調査

そのためには，利用者が対象となる資料（デジタルアーカイブ）について，どのような内容（二次情報）を知りたいと考えているか，どのような種類のメディアの提供を求めているか，アンケート調査などを行い，その結果から収集するメディアを決定すべきである。

(2) 利用条件表示

短期 ItemBank は，主に著作権（財産権）などが有効な期間内での資料データの利用となるため，著作権などの処理の有無を記すメタデータ項目が必要である。さらに，資料データの利用条件表示（著作者による利用許可の範囲）を記すメタデータ項目が必須となる。利用条件表示とは，クリエイティブコモンズライセンス（CC ライセンス）による，著作権者の許可する範囲内であれば自由に資料データなどコンテンツを使用できる証明を指す。

クリエイティブコモンズとは，CCライセンスによる作品の流通を図るための活動全般と，活動する団体を指す（活動母体はアメリカの非営利団体）。各国の著作権法に則った活動が行われており，日本は，クリエイティブコモンズジャパンが日本の著作権法に準拠した規定を設けている。
　CCライセンスには，基本の4要素，「BY（表示）」「NY（非営利）」「ND（改変禁止）」「SA（継承）」の組み合わせ（実質6種類）と，パブリックドメインに関する「CC0」「PD」の2要素（種類）がある。
　「CC0」とは，作品に付与される著作権をすべて放棄し，実質パブリックドメインにするという意思を示し，「PD」は，著作権が消滅した作品を指す。
　資料データなどコンテンツについて，CC0での提供ができれば，利用者の幅広い活用が期待できる。ただし，作品に付与される著作権をすべて放棄するCC0をデジタルアーカイブに適用する場合，例えば，ある写真の被写体である人物，美術作品，企業のロゴ，有名な建築物や商業施設などに関わる肖像権や商標権，施設管理権など，さまざまな権利まで放棄されているとは限らないため，CC0での作品提供の際，被写体に，他の権利が関係する場合は，他の権利に対しても許諾処理等を行うことが望ましい。

（3）岐阜女子大学デジタルアーカイブメタデータ
　岐阜女子大学では，利用条件表示（CCライセンス）に配慮したデジタルアーカイブのメタデータ構成を検討している。
■岐阜女子大学デジタルアーカイブメタデータ
Ⅰ　資料ID情報［他機関などとの標準化への対応として検討］
　1．団体・組織名
　　団体や組織を示すコードを設定する。
　2．データベース名
　　別表で各データベースを管理し，それぞれにコードを設定する。
　3．ID
　　各資料の番号を連番で設定する。

Ⅱ　資料利用情報
　1．表題（別途英語名）
　　資料の表題を表す名称を記録する。
　2．資料名（別途英語名）
　　一般に個別の資料名を記録する。
　3．作成者（オーラルヒストリーの話者，木工の製作者等も含め，広くとらえる）
　　作者だけでなく，オーラルヒストリーの話者や木工の製作者等，作成に関わったものも記載。
　4．内容分類（文字）

パブリック・ドメイン・ツール

CC0		著作権法上認められる，その者が持つすべての権利（その作品に関する権利や隣接する権利を含む。）を法令上認められる最大限の範囲で放棄して，パブリック・ドメインに提供することを意味する。
パブリック・ドメイン・マーク		著作権による制限がなく，自由に利用可能であることを意味する。

クリエイティブコモンズライセンス

表示		作品のクレジットを表示すること	非営利		営利目的での利用をしないこと
改変禁止		元の作品を改変しないこと	継承		元の作品と同じ組み合わせのCCライセンスで公開すること

CC BY （表示）		原作者のクレジット（氏名，作品タイトルなど）を表示することを主な条件とし，改変はもちろん，営利目的での二次利用も許可される最も自由度の高いCCライセンス。
CC BY-SA （表示-継承）		原作者のクレジット（氏名，作品タイトルなど）を表示し，改変した場合には元の作品と同じCCライセンス（このライセンス）で公開することを主な条件に，営利目的での二次利用も許可されるCCライセンス。
CC BY-ND （表示-改変禁止）		原作者のクレジット（氏名，作品タイトルなど）を表示し，かつ元の作品を改変しないことを主な条件に，営利目的での利用（転載，コピー，共有）が行えるCCライセンス。
CC BY-NC （表示-非営利）		原作者のクレジット（氏名，作品タイトルなど）を表示し，かつ非営利目的であることを主な条件に，改変したり再配布したりすることができるCCライセンス。
CC BY-NC-SA （表示-非営利-継承）		原作者のクレジット（氏名，作品タイトルなど）を表示し，かつ非営利目的に限り，また改変を行った際には元の作品と同じ組み合わせのCCライセンスで公開することを主な条件に，改変したり再配布したりすることができるCCライセンス。
CC BY-NC-ND （表示非営利-改変禁止）		原作者のクレジット（氏名，作品タイトルなど）を表示し，かつ非営利目的であり，そして元の作品を改変しないことを主な条件に，作品を自由に再配布できるCCライセンス。

クリエイティブ・コモンズ・ジャパンwebサイト[1]をもとに作成

各資料の内容分類（カテゴリー）を記録する。（分野ごとに内容分類表の作成が必要）

5．分類コード（数値）

　図書，学習指導要領など，コード化が可能な資料体系の場合は，該当する分類コードを記録する。

6．対象時代・年

　資料を利用する上で最も有効な時代区分，年，を記録。（主として，年で記録するが，資料の利用上の必要性によって昭和・平成などの年号や平安・江戸時代などの時代区分，地学，文化的な区分を記録する）

7．地域・場所

　資料の存在する場所の県・市町村（○○地方など），歴史・自然など地域区分の記録。対象の地名・住所などの文字表記が必要。別途，必要に応じて，緯度・経度や総務省メッシュコード等による地理情報の記録を行う。

8．索引語（キーワード）

　各資料について索引語を5±2語程度で記録する。

9．内容記述（資料の説明）

　資料の説明を記録する。300字程度で内容のサマリー，SN（スコープ・ノート）としての性格をもつ。

10．提示種類

　印刷メディアやウェブ提供中の通信メディア等，オリジナルデータのメディア形態。ファイルの拡張子に相当するものと共に記録する。

11．関連資料

　デジタルアーカイブには，複数のデータが集合し，保存され，利用に供されているものも多い（集合保存など）。他の資料との関連や一連の資料の中の一つといった情報を記録する。

12．利用分野（利用条件）　＊クリエイティブコモンズとも関連する項目

　資料がどのような分野で利用できるかを必要に応じて記録する。また，利用制限の必要なときはその条件も記録する。

13．所蔵場所

　資料の所蔵されている場所，地域，施設など，資料調査を可能にする情報を記録する。

14．ファクトデータ（デジタルアーカイブであれば，資料全文のPDF，CSV等データ）

　資料（たとえば文献や記事など）の全文，写真や図面などの加工していない元情報など，各種の統計，実験・観測データなどの記録。リンクドデータとして処理する。

Ⅲ　資料管理情報

1．著作権（全体・部品）／所有権

　　○著作権，CCライセンス

全体・部品にかかわる著作権を有する組織，個人を記録する。CCライセンスの表示を基本とする。
　　○所有権
　　　所有権を有する組織，個人を記録する。デジタルデータの場合，デジタル化を行った組織，人（個人）が著作権を有しているが，対象が別所有者であれば所蔵先の記載，デジタルデータの複製であれば著作権複製権処理済の明示が必要。
　2．プライバシー
　　公開や二次利用に必要な，肖像権やプライバシー個人情報保護について記録する。
　3．選定評価（知的財産権その他に該当）
　　資料対象者，保有者の慣習・権利・利益や保管の安全上の課題（国内外の政治・社会的状況）等が生じる場合，記録する。
　4．登録日・登録者（更新日・更新者）
　　資料を登録した日付と登録者名を記録する。
　5．知的処理／サイクル数
　　デジタルアーカイブのための「知の増殖型サイクル」を循環させる際にどのような知的処理を行ったかを文章，図などで記録する。また，サイクルを循環させた数が明らかな場合，サイクル数を数値で記録する。
　6．選定資料（基礎資料）
　　整理した基礎資料について記録する。
　7．活用資料
　　現在，活用している資料について記録する。
　8．評価資料
　　活用結果を含む評価関連の資料について記録する。
　9．創造資料（新規資料）
　　6〜8の資料によって新たに作成された資料（成果物など）について記録する。
　　＊5〜9は，デジタルアーカイブのための「知の増殖型サイクル」に従い記録する。

（4）内容分類
　内容分類の項目は，記録した資料の内容が地域の人以外でも調べられるようにする。登録する資料によって過不足などが生じる分野に関しては，独自の分類基準を設ける必要がある。
　岐阜女子大学では，地域文化資料用に以下のようなカテゴリーを開発し，これを用いている。

0	伝統文化	1	郷土・歴史	2	観光・交通	3	産業・経済	4	自然・景観
5	動植物	6	教育・福祉	7	美術・工芸	8	施設・建築物		

カテゴリーにもとづく地域文化資料検索用のカテゴリーとキーワード

	カテゴリー	キーワード（索引語）	
0	伝統文化	文楽 能 歌舞伎 伝承 祭り 踊り 太鼓 神楽 茶花道 碑 和紙 工芸 無形（有形）文化財 俳諧 管弦 鍛治 陶芸 竹木芸 家屋 民間信仰 民俗行事 伝統技術 葬式 誕生 墓 神木 民俗用具 芝居 祭事 保存活動 地歌舞伎 水墨	狂言 舞 人形 伝統 伝説 農村舞台 鎌倉 踊り 掛踊 太鼓踊り 芸能 民具 染色 漆木 竹木 金工 神木 装束 伝承 山車 民謡 神輿 刀匠 名人 陶磁器 講 いろり 衣類 はきもの類 あそび かがり火 石仏 会食 占い 雨乞 獅子舞 盆踊 巡礼 供物 音頭 童うた 衣服
1	郷土・歴史	手紙 公文書 私文書 政治 記録 輪中 料理 伝統 工芸 年中行事 寺社 神事 仏事 古文書 古地図 史跡 城 民話 国宝 古典 歴史資料 重文 武器 資料保存 民間行事 水路 刀匠 用水 城	織部焼 志野焼 円空仏 名物 郷土料理 名刹 窯跡 遺跡 花火 民俗資料 文化財 古墳 池 教会 記念施設 家屋 旧役所 田跡 神仏像 堀 伽藍 道標 梵鐘 宝物 神酒 庫裏 祝詞 占い 年貢 信仰 筏 運河 運搬 歌 円空 寛
2	観光・交通	観光道路 観光 名所 公園 鵜飼 土産 城 駅 料理 特産品 スキー 遊歩道 娯楽 展示物	鉄道 道 川 街道 温泉 川港 鵜匠 玩具 城郭 橋 観光案内 イベント 花園 茸 民芸品 科学施設 博物館 石造物 宿泊 道の駅 湧水 名水 名物 郷土料理 商店街 遊園施設 神社仏閣 やな バス 文化施設 名産品 菓子 駅 酒 展望台 資料館 観光施設 川港 老舗
3	産業・経済	伝統産業 新聞・放送 建築 土木 出荷 伝統農業 工業 商業 鉱業 水産業 サービス業 畜産 燃料 衣食住 林業 木工製品 運送 技術 機械 加工 輸出入 食品 事業	和傘 美濃和紙 鍛冶 職人 農具 用排水 綿 絹 毛・織物 行商 家 町並 水屋 商家 農家 工場 廃棄物 産業 賞 先端科学施設 団地 薬業 薪 ガス 電気 炊事 農業施設（組合）炭 郵便 田畑 木竹わら 道具 共同作業 産業施設 米 出版 野菜 麦 山菜
4	自然・景観	景色 夜景 風情 滝 治水 源流 山（脈）名山 池 水 川 名勝 岩石 湖沼 山 治山 峠 雪谷 氷 冬 夏 秋 春 雨 登山 渓谷 砂防 地震	高山植物 天然記念物 原生林 高原 河原 植林 並木 渕 石垣 分水嶺 河岸段丘 台風 環境保全 洪水 里山 登山 温泉 伏流水 岩石 棚田 薬草 台地 遊ぶ 自然公園 断層 名勝池

5	動植物	魚　植物　森林　昆虫　猛禽　家畜 草花　外来種　国内種　大樹　薬 化石	湿原　森林　川魚　養殖　絶滅動植物　名木 蛍　牛　馬　鮎　鯉　蝶　野鳥　木曽五木 花 雑草　盆栽　香料　薬草　落葉　針葉　常緑 漢方薬　野菜　果実　種苗
6	教育・福祉	NPO　学校　福祉施設　医療施設　介護施設　文化施設　情報施設 公共サービス　スポーツ施設　育児 友好　国際交流　キャンプ　結 ボランティア　野外活動	保育所　幼稚園　小学校　中学校　高等学校 大学　保存会　体験活動　警察消防 老人ホーム　厚生施設　薬業　介護施設 育児施設　文化施設　生涯学習施設 養護施設　更正施設　病気　病院 スポーツ活動　歴史民俗施設　文化活動 啓発活動　学習　劇場　社会体験　奉仕 公民館　スローガン　役所
7	美術・工芸	絵画　工芸品　美術品　芸術教育賞 音楽　写真　メディア　イベント施設 デザイン	織部賞　円空仏　県市町村指定工芸品 美術館　窯跡　写真　染色　音楽施設 展示施設　画家　書家　工芸家　ポスター 映画
8	施設・建造物	公共施設　ダム　建築物　科学施設 有形文化財　橋	水資源　合掌造　水屋　舞台　指定民家 情報施設　発電所　トンネル　屋根　飛行場 木造　瓦葺　旧家　駅　劇場

（5）自然語と統制語

資料検索のために，索引語（キーワード）が必要となる。

■**自然語**

日常的な用語で，非統制語ともされる。1つの概念でも複数の用語が使用されたり，同じ用語が他の概念に使用されたりすることから，同義語や表記のゆれ，同形異義語が発生する。

■**統制語**

同義語，広義語，狭義語，関連語など，意味や使い方が統制された用語。統制語の主な目的は同義語，表記のゆれ，同形異義語などの発生により，正しい検索結果が得られないという事態を避けることである。統制語をまとめたものがシソーラスである。

（6）シソーラス

デジタルアーカイブのメタデータにおいて，複数の記述方法が存在しては，利用者の検索結果に影響を及ぼすことにつながる。そこで，各分野で用語の共通化（シソーラス）が必要となる。

シソーラスとは，用語と用語の関係をわかりやすく体系的（階層的）にまとめたもので，同義語や広義語等によって分類された辞典や索引語集のような役割を担うものである。ときには用語の概念や意味などの説明も記されている。

（7）代表的なシソーラス

■ Thesaurus of ERIC Descriptor

Education Resources Information Center（ERIC）では，1966年以降"Thesaurus of ERIC Descriptor"として，シソーラスを刊行している。

このERICシソーラスは，教育学分野の検索用語集として有名である。ERICのサイト（http://www.eric.ed.gov/）では，シソーラスの公開を行っており，検索も可能である。その他，女性に関する情報を網羅した女性情報シソーラス等，各分野のシソーラスがある。

■ Roget's Thesaurus

ロジェ・シソーラス"Roget's Thesaurus of English Words & Phrases"（First edition by Peter Mark Roget, 1852）は，19世紀半ばに刊行された代表的なシソーラス辞典であり，Roget's Thesaurus（Penguin Books, 1998），Roget's Thesaurus, Random Houseなどの多くの辞典が刊行されている。インデックスが主題別になされていることが特徴である。英文を考える際の類語辞典等として広く活用されている。

■ 日本語大シソーラス

『日本語大シソーラス』（山口翼編，2003）はロジェ・シソーラスの日本版ともいえる日本語初のシソーラス辞典である。多くの言葉を集め，それらをまとめ，分類を考え，その繰り返しによってカテゴリー化していくといったシソーラスの作成方法を正しく踏襲した方法論をとって，まとめられた辞典である。

（8）シソーラスの用語

■ BT（広義語／上位語）とNT（狭義語／下位語）

ある用語と用語の間に体系的（階層的）関係がある場合，BT（Broader Term）とNT（Narrower Term）の記号で示す。

■ UF（非優先語；～の代わりに用いよ）とUSE（優先語；代わりに～を用いよ）

ある用語と用語が同じ意味の関係にある場合，同義語としてUF（Used For）およびUSEの記号で示す。特に，地域資料には差別用語が多く，正しく使える用語を優先語として利用する。

■ RT（関連語）

BT・NTで示されているような体系的（階層的）関係ではないが，見出し語との間に密接な関係がある用語をRT（Related Term）の記号で示す。

■ SN（スコープノート）

ある用語の正しい用法を簡単に説明する文章をSN（Scope Note）の記号で示している。これは，あいまいな言葉を明快に定義付けるために用いられることもあり，また，言葉の使い方を限定する場合もある。

11.1.3 資料の長期 Item Bank

　長期 Item Bank は，数十年から数百年，数千年以上先への資料の保管，継承を考えるものである。そのためにはどのようなメタデータが必要か，考えなければならない。

(1) 用語の意味を伝える

　現在，私たちが利用している用語のいくつかは数百年後の人々には理解できない可能性がある。これは，わたしたち自身も数百年前（あるいは数十年前でも）の用語で分からないものがあることからも明らかである。そこで，長期 Item Bank のシソーラスには SN（Scope Note）の記載に配慮する必要がある。

(2) 長期記録媒体の課題

　現在，昔から用いられてきた和紙のように長期保存が可能なデジタル媒体はなく，一つの媒体で数十年から数百年，数千年の長期にわたるデジタルアーカイブの保管は現状では困難といえる。今後，ひとつの媒体で長期保管を可能にするような媒体の研究が望まれる。

　長期 Item Bank のためのデータ保管の現状作業としては，資料データをハードディスクだけでなく，CD や DVD 等の複数の媒体での保存や，マイグレーション・エミュレーションを行うこと，また基本的な点ではソフトウェアのバージョンも含め，再生環境や再生機器などの情報もメタデータにしっかり記録しておかなければならない。当面は再生環境や再生機器自体も保管しておく必要がある。

11.2　資料の保存（保管）と提示

11.2.1　デジタルアーカイブの構成と利用

　デジタルアーカイブの利用は，初期は映像媒体が主であり，現状をいかに高精度のデータで撮影記録し，保存するかが注目されていた。その後，デジタル技術や通信技術の発展に伴い，多様なメディアの利用が進みだすと，デジタルアーカイブ制作者は保管しているデジタル資料を利用して構築した作品（コンテンツ）を発信するようになってきた。

　近年，デジタルアーカイブの長期保存（保管）と短期保存（保管）の概念が定着しはじめ，特に短期保存（保管）では構築された作品（コンテンツ）や，それらに関連した素材（資料データ）等を組み合わせて発信し，利用されるようになった。そこで，次のようにデジタルアーカイブの利用目的から，その保存（保管）形式を単体，集合，構成の3つに分類した。

3つの保存（保管）と提示形式

単体	各資料データのメタデータなどの基礎情報の記録・保管・検索・検索結果から利用する。 　形式：主にデータベース 　主な利用方法：主にデジタルファイルに関するメタデータを検索する場合。
集合	各資料データの利用に配慮し関連資料データをまとめて保管・提供する。 　主な利用方法：資料データをテーマなどでまとめて利用したい場合。
構成	単体保管されているメタデータの内容や集合保管されている資料データを用いて，アーカイブの内容を階層的に構成し情報発信する。 　形式：主にWebページ 　主な利用方法：デジタルアーカイブの事象についてまとめられているWebページから，調べたい内容について情報を得る場合。

11.2.2　単体保存（保管）と提示・利用

　単体保存（保管）は収集した個々の資料のメタデータや基礎情報を記録することができ，一般的にデータベースとよばれるものである。データベースに記録された基礎情報はデジタルアーカイブにおいて大切な情報である。今後の資料利用を考慮し，利用者のニーズに応じたメタデータの項目構成について，さらに検討が必要である。

（1）単体保存（保管）としての地域資料収集データベース
■事例：戦中・戦後の子どものオーラルヒストリー

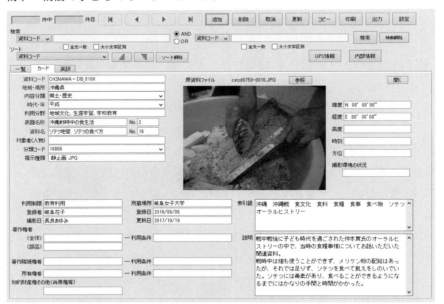

11.2.3　集合保存（保管）と提示・利用：各種の資料と集合させた資料の提示

　集合保存はユーザビリティに配慮し，単体保存に記録されている大量の資料から選定した複数の資料データを，テーマや目的によって，まとめて保存する記録形式である。利用者はテーマや目的にまとめたれた資料データ群の中から希望する資料を選択し利用することができる。

■集合保管としての提供 Web ページの事例：沖縄のわらべ歌

①サイトマップ

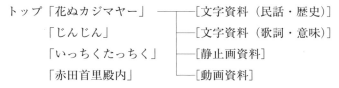

②画面と資料構成例「花ぬカジマヤー」

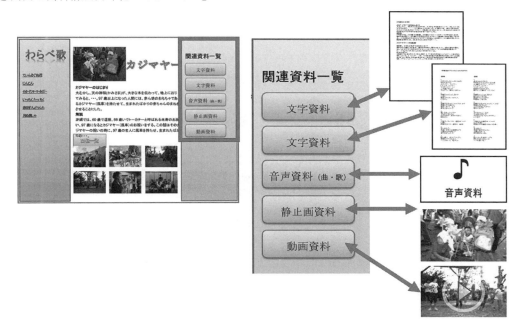

11.2.4　構成保存（保管）と提示・利用：一つのストーリーをもった資料の提示

　構成保存は，デジタルアーカイブ化する事象について収集したさまざまな資料データなどを理解のプロセスに応じて体系的に整理し1つのコンテンツに構成したものである。さまざまなデジタルデータを取り扱うことができる Web ページの形式が多く，資料の保管というよりもデジタルアーカイブのプレゼンテーションともいえる。

■構成保管としての提供 Web ページの事例：「長良川を知ろう」デジタルアーカイブ

　サイトマップから，次のようにメニューに従い構造的に利用できる。

```
トップ──┬─「1．長良川の様子」
        ├─「2．長良川の活動」
        └─「3．長良川の生活文化」
```

1．長良川の様子
　　上流／中流／下流／長良川の地図／長良川の魚を見てみよう
2．長良川の活動
　　ボートの準備／ボートに乗ろう／川を下ろう／キャンプ／川で遊ぼう／体験活動に関係のある情報を調べてみよう／川下りをしている場所の地図を見てみよう
3．長良川の生活文化
　　長瀧白山神社／北濃駅／美濃和紙／治水神社／輪中／大水／花火／鵜飼い

11.3 メディア利用の自由化と選択利用

(1) メディア利用の自由化

デジタルアーカイブにおけるメディアは，マルチメディアの特色を活かして，利用者が自由にその利用メディアを選択できることが大事である。

このことは，情報メディアの利用において大きな意味をもつことになる。例えば，学校教育において，これまで教材はどのような特性の児童・生徒にも同じ教材を配付してきた。しかし「メディア利用の自由化」が可能になれば，教師は児童・生徒の個々の特性にあったメディア教材をデジタルアーカイブ内から選択し，利用することが可能になる。

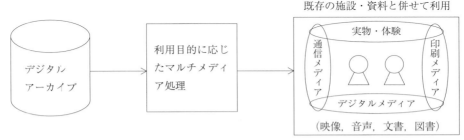

メディア利用の自由化のイメージ（利用者が利用するメディアを決める）

(2) メディア利用の自由化への支援

デジタルアーカイブは利用者が望むメディアの利用を可能にする特性をもっているが，完全に自由化を進めるには，今後更にデータ変換処理などの分野で技術革新が進む必要がある。

また，利用者もメディア利用の方法を自分で選択，利用していくことに慣れていないのも現状である。

利用者が望むメディアの利用を可能にする。提示方法，利用手順に関する試行・研究が求められる。

(3) メディア利用の自由化と調査

メディア利用の自由化が可能なシステムを構成するために，利用者がどのようなメディアの利用を希望するかの調査が必要である。

■事例：利用者が望むメディアの調査

利用者によるメディア利用の希望調査「メディア環境についての調査」[2]を行った例を175ページに示す。これらの調査結果を参考に沖縄県の社会科の地域資料の作成が進められた[3]。

調査では，主に，教師を対象に，4つのメディアを取り上げ，それらに対してどのような意識を

もっているかを調べた。4つのメディアは以下である。
　A　実物体験
　B　印刷メディア
　C　デジタルメディア
　D　通信メディア

その結果，各学習場面ごとに，有効とする傾向がみられた。Aは，どの学習場面においても重要視され，Bは，知識・理解を深めるなど，思考を促す場面で有効ととらえる傾向にあり，Cは，調べ学習や発表など，学習成果を示す場面で有効ととらえられ，Dは，調べ学習で有効であり，さらに，興味関心を高める等，学習内容の深化に有効ととらえられる傾向にあった。

■引用文献
1：クリエイティブ・コモンズ・ジャパン https://creativecommons.jp/，（参照2017-09-17）．
2：佐藤正明・谷里佐ほか「デジタルアーカイブの利用面から見たメディアの特性調査」『デジタルアーカイブ研究誌』Vol.1 No.1, 2012, pp.19-24.
3：新垣英司ほか「小学校社会科における地域資料のデジタル・アーカイブと印刷メディアの利用上の課題」『日本教育情報学会第28回年会論文集』2012, pp.74-77.

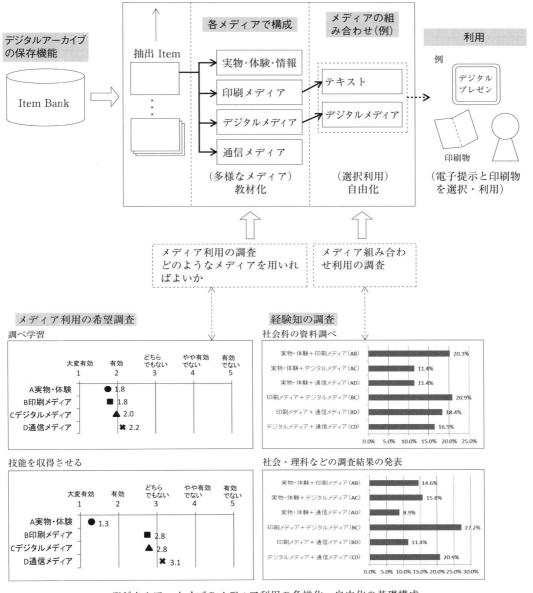

デジタルアーカイブのメディア利用の多様化・自由化の基礎構成

[さくいん]

▶あ行

新しい知　11
アンダーギー　116
一眼レフカメラ　31, 39
イリチー　119
イリチャー　119
印刷メディア　13, 21, 74, 174
インタビュー　58, 99
宇佐神宮　43, 44
ウマチー　61
ウンジャミ　58
エイサー　12, 51
エミュレーション　169
延年の舞　34, 35, 37
オープンデータ　10
オーラルヒストリー　10, 12, 16, 50, 78, 94, 113, 138, 155
沖縄おうらい　14, 15, 21
沖縄空手　20
沖縄戦　16, 78
沖縄の綱引き　61
沖縄料理　17
踊り　12, 34, 130
音声の記録　131

▶か行

カタログ方式　21
活用資料　165
カテゴリー　164
稼働遺産　156
カラーチャート（カラーガイド）　130
慣習　34, 100, 150
慣習・権利　150
機微情報　153
岐阜女子大学デジタルアーカイブメタデータ　162
岐阜路面電車　109
基本の撮影手法　126
魚眼レンズ　136
組踊　19
クリエイティブコモンズ　150
クリエイティブコモンズライセンス　161
グレースケール　130
グワバ　123
権利　150
公衆送信権　151
口述記録　78
高所からの撮影　127

構成保存（保管）　172
公知情報　153
公表権　151
国際通り　15
個人情報保護法　151, 153
コンテンツ自動編成利用　11, 14

▶さ行

索引語　164, 167
さとうきび　20
産業遺産　156
三線　20
シーサー　94
自然語　167
シソーラス　10, 167
シソーラスの用語　168
シヌグ　58
市民参加　101
氏名表示権　151
社会的背景　34, 150, 154, 155
じゃんがら念仏踊り　51
習慣　94
集合保存（保管）　171
首里城跡　16
上方からの撮影　131
照明　34, 130, 134, 145
食文化　111
所作　34, 74, 132
所有権　150, 153
白川郷　84
白川郷合掌造り集落　84
白川郷和田家　89
スクガラス　119
ストロボ　145
3Dスキャナ　144
3Dプリンタ　144, 145
生活文化　17, 84
世界遺産　16
接写撮影　128
選定資料　165
選定評価　155, 156
全方位撮影　136
全面的支配権　153
創造資料　165
ソテツ　79

▶た行

大石林山　18
袋中上人　51
貸与権　151

匠の技　104
多視点撮影　132, 133
手向山八幡宮　43, 47
短期 Item Bank　161
短期保存　169
単体保存（保管）　170
地域資料　15
地域の活性化　138
知的財産　165
知的創造サイクル　11, 14
チャンプルー　114
長期 Item Bank　169
長期保存　169
著作権　150, 151
著作権法　151
著作者人格権　151
著作隣接権　151
通信メディア　13, 174
データベース　170
デジタルアーカイブ　10, 34, 40, 58, 66, 98
デジタルアーカイブのための「知の増殖型サイクル」　11, 14, 165
デジタル・アーキビスト　27, 142
デジタル化　98, 99, 127, 155, 156
デジタルカメラ　129, 133
デジタルビデオカメラ　129
デジタルメディア　21, 174
同一性保持権　151
統制語　167
トレーシングペーパー　135
ドローン　141, 142, 143, 144

▶な行

内容分類　165
長滝白山神社　34, 36
長良川鵜飼　30
長良川の水文化　26, 142
二次元コード　21
ネガフィルム　127

▶は行

ハーリー　58
バーリー　59
ハーレー　58
ハイビジョンカメラ　31
白山信仰　36, 40
パブリックドメイン　10
バンジルー　123
非公知情報　153

飛騨匠　104
ひめゆりの塔・ひめゆり平和祈念資
　　料館　16
評価資料　165
ヒラヤーチー　116
ヒンプン　94
ピンマイク　139
フィルムカメラ　128
複製権　151
プライバシー・個人情報保護
　　　　　　　　　　　　151
フラッシュ　34, 130
古川祭の起し太鼓　66
文化的価値　34, 143
文化的内容の適否　34, 150, 154
平面スキャナ　127
偏光フィルタ　146
ポーポー　116
保管・流通利用目的　150
保管の安全上の課題　150, 155
翻訳・翻案権　151

▶ま行
マイグレーション　169
ミキサー　132
みそぎ祭り　112
ミンサー　21
民話　12, 73
無反射ガラス　128
メタデータ　10, 160
メディアミックス　11, 12, 13, 111
メディア利用の自由化　173
メニュー方式　21
毛越寺　34, 35

▶や行
八重山諸島　18
ユッカヌヒー　58
4K，8Kカメラ　129

▶ら行
利益　34, 150, 153
琉球村　94
利用環境　150, 154

利用者の状況　150, 154
利用条件表示　161
歴史的背景　34, 50, 73, 94
路面電車　13, 109

▶わ行
ワタガラス　119
わらべ歌　74
ンブサー　119
ン厶　116

▶アルファベット
AI　14
CC0　10, 162
GPS　130
ICレコーダー　80
Item Bank　160
Item Pool　160
OECD　151
QRコード　21
SCRAN　21

[執筆者一覧]（執筆順）

後藤　忠彦	（岐阜女子大学）	1.1，1.2，3.1，3.2，3.3，7.2，8.3，10，11
井上　　透	（岐阜女子大学）	1.1
谷　　里佐	（岐阜女子大学）	1.2，4.4，6.1，10，11
加藤真由美	（岐阜女子大学）	1.3，2.2，3.4，8.2，11
林　　知代	（岐阜女子大学）	2.1
遠藤　宣子	（岐阜女子大学）	3.3，10.9
加治工尚子	（岐阜女子大学）	3.4，4.1，5.1，7.1
又吉　　斎	（沖縄女子短期大学）	4.2
三宅　茜巳	（岐阜女子大学）	4.3
新垣　さき	（沖縄女子短期大学）	4.5
眞喜志悦子	（岐阜女子大学）	5.1，7.1，8.3
大木佐智子	（岐阜女子大学）	6.1
久世　　均	（岐阜女子大学）	8.1
佐藤　正明	（岐阜女子大学）	9

地域文化とデジタルアーカイブ

2017年11月6日　初版第1刷発行

〈検印省略〉

編　者　ⓒ　岐阜女子大学デジタル
　　　　　　アーカイブ研究所

発行者　　大　塚　栄　一

発行所　株式会社　樹村房
　　　　　　　　　JUSONBO

〒112-0002
東京都文京区小石川5-11-7
電　話　　03-3868-7321
ＦＡＸ　　03-6801-5202
振　替　　00190-3-93169
http://www.jusonbo.co.jp/

印刷・製本　亜細亜印刷株式会社

ISBN978-4-88367-288-2　乱丁・落丁本は小社にてお取り替えいたします。